Gabi Pörner

Küß' Dich wach, Prinzessin!

Frauen werden stärker

VERLAG PETER ERD · MÜNCHEN

Die Deutsche Bibliothek – CIP-Einheitsaufnahme

Pörner, Gabi:
Küß' Dich wach, Prinzessin! : Frauen werden stärker / Gabi
Pörner. – München : Erd, 1993
ISBN 3-8138-0266-3

Umschlaggestaltung: Atelier Nittner, München
Lektorat: Ulrike Y. Schmid
Copyright © Verlag Peter Erd, München 1993
Alle Rechte, auch die des auszugsweisen Nachdrucks, der
Übersetzung und jeglicher Wiedergabe, vorbehalten.
Satz: Uhl + Massopust, Aalen
Druck und Verarbeitung: Wiener Verlag, Himberg bei Wien
Printed in Austria
ISBN 3-8138-0266-3

Inhalt

Vorwort

Heute eine junge Frau zu sein, das verlangt schon eine gehörige Portion Mut. Was steht ihnen alles ins Haus, diesen jungen Frauen! Die drohende Öko-Katastrophe, die kräftigen Nachbeben politischer Erdrutsche, wachsende Kriminalität durch zunehmende soziale Mißstände..., mal gar nicht zu reden von Aids und all den anderen Alpträumen, die Wirklichkeit werden können. Und da soll frau jung sein und ihr Leben genießen, Kinder in die Welt setzen und tapfer darauf hoffen, daß es ganz so schlimm doch nicht kommt? Ja, sie soll. Was heißt »soll«, sie muß. Was sonst könnte sie tun?

Und ich erinnere mich an ein Wort meines Vaters, ein Motto, das er der acht- oder neunjährigen Tochter ins Poesiealbum schrieb: »Wir leben in einer bösen Zeit. Das sagen die Menschen heute, das sagten sie auch vor hundert und zweihundert Jahren. Auch in bösen Zeiten gibt es Glück. Man muß nur daran glauben, muß es suchen und muß darum kämpfen.« Ja, ja, ich weiß. Unsere böse Zeit ist böser als alle vorangegangenen, weil wir die ersten sind, die es schaffen könnten, diesen Planeten in die Luft zu jagen oder auf andere Weise aus dem Verkehr zu ziehen.

Doch so lange wir leben, besteht Hoffnung. Glauben, suchen, kämpfen – glauben daran, daß wir fähig dazu sind, unser Glück zu finden, suchen nach Wegen, die wir gehen können, kämpfen gegen Vorurteile, Haß, Dummheit, Gewalt. Sie sind ganz schön gefordert, die jungen Frauen. Und womit sie ganz bestimmt nicht rechnen können, ist der Märchenprinz, der sie (wovor auch immer) rettet. Sie werden weder gerettet noch wachgeküßt, die Armen. Aber so arm sind sie ja gar nicht! Sie haben eine Menge Kraft, es kommt nur darauf an, richtig damit umzugehen. Sie haben viel Mut, den sie nicht für Unnützes verplempern sollten. Es ist sicher schwierig, sich selbst wachzuküssen, aber der Kuß kann in diesem

Fall, meine ich, auch durch ein kräftiges Augenreiben ersetzt werden: Rubble dir den Schlaf aus den Augen, Prinzessin, dann wirst du gleich alles klarer sehen, vor allem dich selbst! Dieses Buch kann dich dabei unterstützen. Es ist kein Buch gegen unauffindbare Märchenprinzen, sondern für durchaus reale Märchenprinzessinnen, oder besser noch, durchaus reale Menschenfrauen. Es ist ein Buch, das JA sagt, und das macht es so hilfreich. Kein Gegen-, sondern ein Für-Buch, das Mut macht, den eigenen Weg zu suchen und ihn zu gehen.

Hannelore Krollpfeiffer
Hamburg, im November 1992

Sei du selbst

Sei du selbst, und das gibt dir alles,
was du brauchst, um dich erfüllt zu fühlen –
alles, was deinem Leben
Sinn und Bedeutung geben kann.

Sei nur du selbst und wachse deinem Wesen gemäß,
und das trägt dir die Erfüllung
deiner Bestimmung ein.
Sei einfach du selbst, das ist genug.

Osho

Worum geht's hier eigentlich?

»Was, du willst ein Buch für Frauen schreiben?« fragten mich verschiedene Seminarteilnehmerinnen. »Schreib' doch lieber eins für Männer, die müßten sich ändern!«

Frauen können lange darauf warten, daß Männer sich ändern. Warum sollten sie sich ändern? Für Männer ist es doch nur angenehm, wenn sie weiterhin von Frauen geliebt, hofiert und bewundert werden, wenn Frauen ihnen bereitwillig und unermüdlich dienen, zuarbeiten und ihre eigenen Bedürfnisse und Wünsche zurückstellen. Für Männer ist es doch nur bequem, wenn sie der Mittelpunkt im Leben der Frau sind, um den sich alles dreht und wenn sich vornehmlich die Frau für ihre gemeinsame Beziehung einsetzt.

Was Männer tun oder nicht tun, ist deren Sache.

Die Sache der Frauen ist es – wenn sie zufriedener leben wollen –, daß sie ihre übermäßige Aufmerksamkeit vom Mann abziehen, ihre eigenen Bedürfnisse und Wünsche erkennen, ernst nehmen und sich *für ihr eigenes Leben* einsetzen. Dazu gehört, daß Frauen sich ihres eigenen Wertes bewußt werden, sich selbst achten und lieben, daß sie ihre Energie *für sich* verwenden und das tun, was sie gerne tun wollen. Das hat zur Folge, daß Frauen *sich selbst* zum Mittelpunkt ihres Lebens machen und daß sie die volle Verantwortung für sich übernehmen.

Darum geht es in diesem Buch.

Als ich vor 14 Jahren an meiner ersten Frauengruppe teilgenommen hatte, gab es folgenden Dialog:

»Du hast überhaupt keine Ahnung von weiblichem Bewußtsein«, warf mir eine Frau vor. »Wieso? Ich mag doch Männer«, war meine Antwort, und ich kam mir dabei einfach gut vor.

Mir sind diese Sätze bis heute in Erinnerung geblieben, zeigen sie doch auf, daß ich tatsächlich nicht wußte, was »weibliches Bewußtsein« ist. Darunter verstehe ich, daß eine

Frau weiß, welche *Ausgangsbasis* sie in einer männerdominierten Gesellschaft hat:

1. daß Männer die Hauptrolle spielen,
   daß Männern Sachkompetenz zuerkannt wird;
2. daß Frauen zweitrangig sind,
   daß Frauen für die Gefühlswelt zuständig sind.

Weibliches Bewußtsein und Liebe zu Männern schließen einander keineswegs aus! Im Gegenteil – erst wenn eine Frau sich mit all ihren Stärken und Schwächen annimmt und liebt, Verantwortung für ihre Gedanken, Gefühle, Entscheidungen und Handlungen übernimmt, ist sie fähig, andere Menschen, auch Männer, wirklich zu lieben.

Mir liegt die Arbeit mit Frauen am Herzen, daher schreibe ich dieses Buch für Frauen. Es ist kein wissenschaftliches Buch, es basiert auf den Erfahrungen vieler Frauen und Männer, die ich in Seminaren und bei Trainings kennen- und schätzengelernt habe. Nicht zuletzt habe ich – sei es privat oder beruflich – meine eigenen Erfahrungen als Frau, die in dieser Gesellschaft aufgewachsen ist, gemacht. Ich hatte lange angenommen, daß ich alleine unter Minderwertigkeitsgefühlen zu leiden hatte. Umso erstaunter und erleichterter war ich, nachdem ich erfahren hatte, daß es anderen Frauen ebenso ging wie mir.

Damals wurde mir klar, daß es *gesellschaftstypische Frauenprobleme* und *spezifisch weibliche Fähigkeiten* gibt, die mit der Erziehung und der Rolle der Frau in unserer Gesellschaft zu tun haben.

Im ersten Teil des Buches geht es daher darum, geschlechtsspezifische Denk- und Verhaltensweisen darzustellen und herauszufinden, warum Frauen und Männer so handeln, wie sie handeln und warum dadurch konstruktive und liebevolle Beziehungen so schwierig sind.

Häufig fragen Frauen in Seminaren:
Wer bin ich – jenseits der konventionellen Frauenrolle?
Was will ich für mich in meinem Leben?
Warum tue ich nicht, was ich eigentlich tun will?

Jede Frau hat das Recht, ein qualitativ befriedigendes Leben zu führen. Durch ihre Erziehung zur Weiblichkeit hat sie besondere Stärken, aber auch frauentypische Schwächen entwickelt, die diesem Ziel gelegentlich im Weg stehen. Frauen haben gegenwärtig so viele Möglichkeiten und Chancen, ihr Leben aktiv zu gestalten, wie nie zuvor. Sie stehen zugleich vor der Notwendigkeit, ihr Leben nach den eigenen Bedürfnissen und Vorstellungen zu entwerfen. Das ist ein spannendes, lohnendes Abenteuer, bei dem jede Frau viel entdecken, viel über sich erfahren und ihre Handlungs-spielräume erweitern kann.

Ich möchte Sie auf Ihrem Weg mittels dieses Buches ein Stück weit begleiten, möchte Sie in Ihrem Denken und Tun unterstützen und Ihnen Anregungen geben,

• wie Sie sich selbst besser verstehen, akzeptieren können,
• wie Sie die Möglichkeiten und inneren Kräfte, die bisher verborgen in Ihnen schlummern, wiederentdecken und ausdrücken können,
• wie Sie im Alltag Spaß daran finden, Ihren eigenen Weg zu gehen,
• wie Sie Ihre Grenzen erkennen und darüber hinausgehen,
• wie Sie Ihre Ängste überwinden und dabei Ihr Selbstwert-gefühl steigern,
• wie Sie Ihr Selbstvertrauen und Ihre Selbstachtung stär-ken,
• wie Sie ein selbstbestimmtes, liebevolles und befriedigen-des Leben führen können – ob allein oder mit Partner.

Die Devise lautet: Zufrieden aus *mir, nicht* durch ihn.

Das bedeutet nicht, daß Sie hinfort, fernab von jeglicher Realität, nur noch auf rosaroten Wolken durchs Leben schweben. Nein, das Leben ist vielseitig, bringt Höhen und Tiefen mit sich. Beides gehört zum Leben.

Auch in diesem Buch werden Sie die verschiedensten Ge-danken und Gefühle erleben. Je tiefer Sie sich selbst erfah-ren, je mehr Sie sich Ihren Ängsten, Schmerzen, Ihrer Wut und Ohnmacht, aber auch Ihren Stärken und Fähigkeiten stellen, desto stärker spüren Sie Ihre Kraft und Energie und können freudvoller und liebevoller leben. Sie können dann

Situationen, die Ihnen bisher als verunsichernd erschienen sind, als Lernchancen und Möglichkeiten zu wachsen erkennen und für sich nutzen.

Letztlich geht es in diesem Buch darum,

- daß Sie Ihre Stärken und Fähigkeiten bejahen und sich akzeptieren, so wie Sie sind,
- daß Sie Ihre frauenspezifischen Muster, die Sie in Beruf oder/und Privatleben als hinderlich erleben, erkennen und daß Sie konstruktive, lohnende Alternativen dazu entwickeln, die Ihnen zu einem erfüllten Leben in Liebe verhelfen.

Die Chance zur bewußten Selbstwahrnehmung und Entfaltung haben Sie immer. Gelegenheiten zu wachsen, gibt es jeden Tag... Sie sind die Regisseurin in Ihrem Leben. Vertrauen Sie Ihrer inneren Wahrheit und warten Sie nicht darauf, daß andere Ihnen sagen, was Sie tun sollen. Nur Sie selbst können wissen, was Ihnen guttut. Alles, was Sie brauchen, um glücklich zu sein, finden Sie in sich selbst, nirgendwo sonst. Sie können die Hindernisse, die Ihrer persönlichen Erfüllung im Weg stehen, erkennen, können unfruchtbare Lebensvorstellungen loslassen und voll Freude und Liebe Ihren Weg fortsetzen.

> *Warte nicht darauf,*
> *einen Grund zu haben,*
> *glücklich zu sein.*
> *Du hast lange genug gewartet.*
> *Sei glücklich –*
> *und du wirst Gründe dafür haben.*
> Osho

Frau zwischen Familie und Beruf

Die Gesellschaft, in der wir leben, ist in einem ständigen, immer rascheren Wandel begriffen, der alle Bereiche des Lebens einschließt. Gegenwärtig erleben Frauen die allmähliche Freisetzung und Loslösung von dem traditionellen weiblichen Rollenmuster. Das bedeutet, daß Frauen jetzt mehr Spielraum für eine eigene, rollenunabhängige Lebensplanung und -gestaltung haben. Doch die Freiheit, diesen Spielraum nach eigenem Geschmack, der eigenen Vorstellung auszufüllen, ist für Frauen relativ neu, verunsichert sie einerseits *und* gibt ihnen die Chance zur Selbstentfaltung und zum Ausdruck ihrer innewohnenden Kräfte und Fähigkeiten. Frauen erleben derzeit die Freisetzung *von* Traditionen und werden frei *für* Neues. Sie erleben das aber auch als Verlust – als Verlust von Sicherheit, als Verlust von Geborgenheit, als Verlust von Gewohntem und Vertrautem.

Frauen stehen einer Vielzahl von Anforderungen gegenüber, die es früher nicht gegeben hat. Das bedeutet, daß Frauen von heute immer wieder Bestandsaufnahmen ihrer Situation machen, über sich nachdenken und fragen:

Wie bringe ich die verschiedenen Rollen in meinem Leben – Berufstätige, Hausfrau, Geliebte, Mutter, Freundin, Tochter, Dekorateurin – so unter einen Hut, daß ich zufrieden bin? Wer bin ich, jenseits meiner Rollen? – Was kann ich? Was ist meine Vision von einem erfüllten Leben? Wie kann ich sie im Alltag umsetzen? Lebe ich schon so, wie ich leben will? Was ist gegenwärtig mein größtes Problem, also meine größte Chance, etwas dazuzulernen? Bin ich bereit, etwas Neues zu lernen? Bin ich bereit, mich voll dafür einzusetzen? Frauen suchen heute mehr denn je nach eigenen, konstruktiven und lohnenden Lebensentwürfen.

Im folgenden werde ich die beiden Hauptbereiche der Frau, »Familie und Ehe« sowie »Frau und Arbeit« skizzieren, deren gegenwärtige Chancen und Schwierigkeiten, so daß Ihnen deutlich wird, welche Entscheidungsfreiheiten und Wahlmöglichkeiten Sie haben.

Frau und Familie

»Wo du hingehst, da will ich auch hingehen!« So?
»Die Frau sei dem Manne untertan.« *Moses*

Um unsere weiblichen Rollenvorstellungen besser zu verstehen, greife ich auf das Rollenverständnis der bürgerlichen Familie des 19. Jahrhundert zurück, da dieses Denken unser gegenwärtiges Leben immer noch beeinflußt.

Damals hieß es: »Drinnen waltete die züchtige Hausfrau, die Mutter der Kinder...« Die bürgerliche Frau hatte ihre Position zuhause, während der Mann in der Welt draußen sein Brot verdiente. Das Zuhause sollte für den Mann ein Ort der Erholung und Entspannung sein, wenn er abends müde von der Arbeit nach Hause kam. Die Frau sollte ihm einen emotionalen Ausgleich für die harte Arbeitswelt schaffen. Ihre Aufgabe war es, den Mann zu lieben, ihm ergeben und selbstlos zu dienen, ihn zu umsorgen, ihm alle häusliche Last abzunehmen. Sie sollte zu ihm als ihrem Herrn und Meister aufblicken, ihm stets zu Willen sein, Nachsicht üben und rücksichtsvoll sein. Die Frau wurde auf die Rolle der Mutter und Erzieherin reduziert, hatte keine eigene Sexualität und möglichst keine eigene Meinung, die über Kinder, Haushalt und Kirche hinausging. Dafür stand sie unter dem Schutz des Mannes, war materiell versorgt. Er war Vorstand der Familie und repräsentierte diese nach außen. Er war der Wertsetzer und Wertträger, seinen Normen mußte Gehorsam geleistet werden. Frau und Mann blieben zusammen, bis daß der Tod sie voneinander schied. Der Wert der Familie wurde zum höchsten Gut hochstilisiert und wird heute von Politikern gern beschworen.

Tatsache ist, daß wann immer ein Wert besonders hochgehalten wird, genau hingeschaut werden muß, denn dieser Wert ist gerade dann dabei, brüchig zu werden. So ist die traditionelle Kleinfamilie heute nicht mehr die allein seligmachende Lebensform. In der Ehe sehen viele Menschen eine Sackgasse. Immer mehr Mütter leben allein mit ihren Kindern und sind zufrieden.

Die Idealisierung des häuslichen Bereichs verdeckte damals wie heute den Prozeß der zunehmenden Entfremdung und Verunsicherung, der Konkurrenzkämpfe auf dem Arbeitsmarkt und der Schwierigkeiten, die es zwischen Frau und Mann in einer Beziehung tatsächlich gibt.

»Wie lebst du?« Auf diese anscheinend so einfache Frage wird uns manchmal eine Lebensgeschichte erzählt, die für unsere Großeltern völlig undenkbar gewesen wäre.

»Ich bin geschieden. Das Kind lebt bei mir, aber mein Ex-Mann kommt jeden Sonntag und holt es. Ich wohne jetzt allein, bin aber mit einem Mann zusammen, der von seiner Frau getrennt lebt und sich eine große Wohnung mit einem Freund teilt. Seine beiden Kinder kommen jedes zweite Wochenende zu ihm. Manchmal koch' ich für uns alle – für die beiden Männer und alle Kinder. Dann spielen wir Großfamilie.«

Zwischen gestern und morgen
Früher hatten Frau und Mann klar abgegrenzte Rollen – der Mann war der Rational-Überlegene, Starke, die Frau war die Gefühlsbetonte-Unterlegene, Liebende, Schwache. Diese starre Rollenverteilung gab beiden Sicherheit, jeder war für den anderen berechenbar und zuverlässig. Sie ergänzten einander in ihren einseitig entwickelten und aufeinander bezogenen Rollen.

FRAU	MANN
schwach	stark
gefühlsbetont	rational, logisch
subjektiv	objektiv
liebend	läßt lieben

warmherzig	sachlich-nüchtern
unterlegen	überlegen
ideell	materiell
abwartend	zupackend
altruistisch	egoistisch
bescheiden	selbstdarstellend
kooperativ	konkurriert, kämpft, setzt sich durch
ganzheitlich	analysierend
Ohnmacht	Macht

Aus diesen klaren Rollenzuschreibungen geht hervor:
- Die Stärken der Frauen sind die Schwächen der Männer.
- Die Stärken der Männer sind die Schwächen der Frauen.

FRAUEN haben traditionellerweise ihre soziale Seite stark entwickelt und haben daher eher Angst vor Selbständigkeit, MÄNNER haben ihre Selbständigkeit entwickelt und haben Angst vor ihrem Gefühlsleben, ihrer Weichheit und ihrem Bedürfnis nach Zärtlichkeit.

Durch die veränderten Lebensbedingungen entwickeln Frauen zunehmend auch die männliche Seite – sie erwerben Sachkompetenz, lernen, sich durchzusetzen, sich zu behaupten; sie setzen sich für ihre Themen ein – werden stärker, selbstbewußter, sicherer. Während die Frau früher »ganz ihrer Bestimmung als Hausfrau und Mutter« folgte, sie praktisch nichts mehr zu wählen hatte, wenn sie einmal einen Mann hatte, kann sie heute tatsächlich wählen, wie sie leben will, was sie tun oder lassen will.

Frau und Arbeit

Da seh' ich sie im Werbefernsehen, die Karrierefrauendarstellerinnen, wie sie jugendlich, schlank, dynamisch, mit lang gelocktem Haar und im adretten Kostüm aus dem Flugzeug steigen, mit Stöckelschuhen sexy, cool und zielbewußt zur nächsten Konferenz schreiten. So also sieht die Werbung erfolgreiche Frauen und dabei fallen mir berufstätige Frauen ein, die älter, dicker, witzig und lebendig sind.

Frauen, die im Beruf erfolgreich sein wollen, müssen wissen, was sie wollen, müssen sich durch Leistung profilieren. Eine amerikanische Managerin faßte die Anforderungen an eine Frau im Berufsleben wie folgt zusammen:»Eine Frau, die im Beruf erfolgreich sein will, muß aussehen wie ein Mädchen, denken wie ein Mann und arbeiten wie ein Pferd.« Von wegen Gleichstellung! Die ist erst dann erreicht, wenn eine mittelmäßige Frau eine Spitzenposition bekommt und sie bis zur Pensionierung behält.

Karriere heißt für mich: sich im Beruf wohlfühlen, sich aktiv einsetzen, unabhängig von der jeweiligen Hierarchiestufe eines Unternehmens.

Frauen drängen, bedingt durch bessere Ausbildungen, verstärkt auf den Arbeitsmarkt und sind für Männer ernstzunehmende Konkurrenz um gefragte Arbeitsplätze. Während Frauen traditionell in Dienstleistungsberufen tätig waren wie zum Beispiel Krankenschwester, Lehrerin, Sekretärin, wählen nun immer mehr Frauen auch technische, kaufmännische und wissenschaftliche Berufe, dringen zunehmend in klassische Männerdomänen ein und bringen frischen Wind in verkrustete Strukturen. Dadurch, daß Frauen historisch wenig Umgang mit Hierarchien in Unternehmen hatten, können sie durch ihre Unvoreingenommenheit besser erkennen, wo Neuerungen notwendig sind, da ihnen der Blick noch nicht verstellt ist. Durch fehlende Vorbilder haben sie mehr Möglichkeiten zur persönlichen Gestaltung ihrer Position, allerdings auch zu Beginn mehr Unsicherheiten, da sie erst lernen müssen, sich zu vertrauen, damit sie diesen Freiraum konstruktiv nutzen können.

Zur Zeit wird besonders in den Medien und Firmen darüber gesprochen, wie wichtig zukünftig die als spezifisch weiblich geltenden Fähigkeiten für Unternehmen sind, um die gegenwärtigen Probleme zu lösen.

Frauen haben im Arbeitsleben aufgrund ihrer geschlechtstypischen Erziehung folgende Stärken:
● Sie haben einen besseren Teamgeist als Männer.
● Sie sind konsensfähig.

- Sie sind einfühlsam und können gut vermitteln.
- Sie tragen entscheidend zu einem guten Arbeitsklima bei.
- Sie kommen schneller zur Sache, da sie wenig Wert auf Imponiergehabe und Selbstdarstellung legen.
- Sie gehen intuitiver und ganzheitlicher an eine Sache heran und beziehen langfristige Folgen ihrer Entscheidungen mit ein.
- Sie setzen sich demzufolge mehr für umwelterhaltende Themen ein.

Obwohl Frauen fachlich und sozial kompetent sind, entspricht ihr Einkommen nicht immer dem eines Mannes in gleichwertiger Position. Zum Glück gibt es immer mehr Frauen, die den Wert ihrer Arbeit hoch einschätzen und eine adäquate Lohnpolitik fordern und durchsetzen.

Doch Frauen haben auch erziehungsbedingte Schwierigkeiten, die sich im Privat- und Berufsleben nachteilig auswirken. Eine davon ist, daß sie es nicht gelernt haben, Forderungen zu stellen und diese durchzusetzen. Viele Frauen glauben, daß ihr Chef doch sehen muß, was sie arbeiten und daß er von sich aus auf die Idee kommt, ihnen eine Gehaltserhöhung anzubieten. »Er muß doch wissen, was ich arbeite«, klagen sie. Nun ist es aber so, daß der Chef nicht unbedingt weiß, was eine Mitarbeiterin alles macht; und selbst wenn er es weiß, warum sollte er auf sie zukommen? Er hat ja auch das Interesse der Firma zu vertreten – und wo er sparen kann, da spart er! Er ist der Ansicht, wenn eine Mitarbeiterin Gehaltserhöhung will, dann muß sie zu ihm kommen und dies begründen. Wenn sie nicht an ihn herantritt, so ist das ihr Pech!

Was bringt es für die Frau, berufstätig zu sein?
- Finanzielle Unabhängigkeit vom Mann. Sie eröffnet sich dadurch die Möglichkeit, mit ihrem Geld zu tun, was sie will, sie muß nicht erst den Mann fragen oder sich rechtfertigen, wenn sie etwas Neues zum Anziehen gekauft hat oder wenn sie mal mit einer Freundin zum Essen oder ins Kino will. Sie braucht *kein* schlechtes Gewissen zu haben,

wenn sie mal zuviel Geld ausgegeben hat, denn sie ist nun sowohl für das Verdienen, als auch für das Ausgeben allein verantwortlich und braucht *niemandem* Rechenschaft abzulegen – es sei denn, sie tut es freiwillig.

- Die Frau lernt durch die außerhäusliche Arbeit andere Menschen kennen und wertschätzen, wird mit anderen Themen, Problemen, Herausforderungen konfrontiert, denen sie sich stellen muß und an denen sie wächst. Sie trägt Verantwortung und erweitert ihren Erfahrungshorizont.
- Sie wird für ihre Arbeit von anderen Menschen anerkannt, gelobt, wertgeschätzt, kritisiert – sie bekommt Feedback.
- Sie fühlt sich lebendiger und handelt aktiv.

Dadurch steigen ihre *Selbstachtung, ihr Selbstvertrauen und Selbstvertrauen.* Je mehr die Frau auf ihre innerliche Einstellung und Haltung zur Arbeit achtet, desto eher kann sowohl Erwerbsarbeit als auch Hausarbeit als *intensive Selbsterfahrung* und als *permanenter Lernprozeß* verstanden werden.

BEISPIEL:
Karin F., 34, war jahrelang ausschließlich Ehefrau eines wohlhabenden Mannes. Ihre Ehe blieb kinderlos. Ihre Aufgabe bestand für sie in erste Linie darin, auf den Ehemann zu warten. Sie hatte vor ihrer Ehe als Grafikerin gearbeitet, ihren Beruf bei der Heirat aufgegeben. »Ich war froh, nicht mehr arbeiten zu müssen, wollte nur noch zuhause sein«, erzählt sie in einem Selbst-Management-Seminar für Frauen und lacht. »Anfangs war es schön. Ich wollte unbedingt ein Kind, aber es klappte nie. Wir haben es so oft probiert – und schließlich aufgegeben. Ich war dann oft schlecht gelaunt und gereizt, und die Tage waren so lang und einsam.« Nach einer langen Phase der Lustlosigkeit, in der sie sich sehr bemitleidet hatte, beschloß sie, dem abrupt ein Ende zu bereiten. Sie griff zum Telefonhörer, rief in der Redaktion an, in der sie früher schon einmal gearbeitet hatte und sagte: »Ich bin Grafikerin. Ich möchte wieder bei Ihnen anfangen.«

Beim Erzählen strahlte sie über das ganze Gesicht – alle

Teilnehmerinnen bewunderten in dem Moment ihren Mut. Es war der Mut, den sie gebraucht hatte, um nach langem wieder *aktiv* etwas *für sich* zu tun. »Aus dem Nichts wußte ich plötzlich, daß ich handeln mußte. Ich hätte an dem Tag noch zehn Redaktionen angerufen«, sagte sie voller Elan. »Und... als am anderen Ende der Leitung gesagt wurde, ich solle zu einem Gespräch vorbeikommen, da wußte ich, daß sich mein Leben in eine konstruktive Richtung ändern würde.« Und ihr Ehemann? – »Du mußt doch nicht arbeiten, ich verdiene doch für uns beide«, war sein Kommentar. Karin ließ sich nicht aufhalten. Sie wollte arbeiten – um ihrer selbst willen. Sie wollte ihre Ideen grafisch umsetzen – ihre Kreativität hatte sich lange genug in Tischdekorationen und im ständigen Umstellen der Möbel erschöpft! Es machte ihr Spaß zu arbeiten, sich zu entfalten. »Klar hatte ich zu Beginn Angst, ob ich es schaffen würde... die ging jedoch durch die Konzentration auf die Arbeit wie von allein weg.«

Ihr niedriges Selbstwertgefühl stieg wieder.

»Letztlich hat auch unsere Ehe davon profitiert«, registrierte sie. »Mein Mann hat mich wieder neu schätzen gelernt und nimmt es nicht mehr als selbstverständlich, daß ich für ihn da bin.«

So erlebt die Frau, die im Berufsleben steht, einerseits neue Spielräume, wird anerkannt und bestätigt, andererseits bleibt die Frage, ob sie eine Partnerschaft möchte und wie sie Beruf und Partnerschaft dann unter einen Hut bringt. Ist sie mit einem Mann zusammen, und sind beide voll berufstätig, bringt dies eine Vielzahl neuer Überlegungen mit sich. Es müssen klare und eindeutige Absprachen getroffen werden, wer einkauft, kocht, putzt, die Wäsche wäscht; wann gemeinsam in Urlaub gefahren wird. Und schließlich: Will sie mit dem Mann ein Kind? Wer paßt auf das Kind später auf? – Heiratet sie den Mann und so weiter.

Zudem verlangen Unternehmen heute von ihren Mitarbeiterinnen Flexibilität, das heißt auch Mobilität. So taucht bei einer beruflichen Versetzung beispielsweise des Mannes, unvermittelt ein Rattenschwanz voller Fragen auf: Will die

Frau mit umziehen? Hat sie beruflich an dem neuen Ort ihres Mannes dieselben Möglichkeiten oder muß/will sie zurückstecken? Will sie überhaupt ihr vertrautes soziales Netz verlassen? Verzichtet der Mann möglicherweise auf seine Karrierechancen?

Daran ist zu erkennen: Die Berufsplanung der Frau kann heute nicht mehr isoliert betrachtet werden: Automatisch wird eine ganze Bandbreite von Lebensvorstellungen – Partnerschaft, Lebensform, Kinder, Wohnortfrage, Organisation des Haushalts – mit angesprochen.

Wenn der Mann gut verdient, kann eine Frau wählen, ob sie zuhause arbeiten will. So wird der Beruf der Hausfrau ein Beruf unter vielen, abgesehen vom Gehalt und abgesehen davon, daß er gesellschaftlich nicht genug anerkannt wird.

Zwischen gestern und morgen
Insgesamt gibt es für die Frau im Arbeitsbereich eine ganze Reihe von Wahlmöglichkeiten, aber auch von Entscheidungsnotwendigkeiten. Das macht das Leben der Frauen von heute so vielfältig und spannend, erlaubt es doch allen, *eigene* Lebensvisionen zu entwickeln und umzusetzen, die jenseits der traditionellen Frauenrollen liegen.

> *Gib jedem Tag die Chance,*
> *der schönste deines Lebens zu werden.*
> Mark Twain

FAZIT:
Derzeit erleben wir weltweit wohl die einschneidensten Veränderungen, die es je auf der Erde gegeben hat. Wir erleben, daß Tradition und Brauchtum, überlieferte Sitten, kulturelle Werte und Normen ihre allgemeine Verbindlichkeiten verlieren:

- Die Religion hat kaum mehr übergreifende, sinngebende Funktionen
- Die traditionelle Kleinfamilie ist nur noch eine Lebensform unter verschiedenen anderen
- Gute Ausbildung ist nicht länger Männersache. Frauen

üben zunehmend einen Beruf aus, in dem sie sich selbst entfalten können. »Lebenslanges Lernen« ist bei den raschen Veränderungen der Umwelt notwendig.

- Die klassische Rollenverteilung von Frau und Mann verändert sich.
- Wir stecken derzeit in der größten Wissenschafts- und Technikkrise, die es je gegeben hat. Wir wissen heute, daß wir die Voraussetzungen dafür geschaffen haben, daß das Leben auf der Erde vernichtet werden kann. Wir erleben alle, daß das Ozonloch jährlich größer wird und unsere Gesundheit davon bedroht ist. Wir wissen, daß es Gifte in unserer Umwelt gibt, welche Folgeerscheinungen des Fortschritts sind. Wir sehen sie nicht, wir riechen sie nicht, schmecken sie nicht, doch sind sie da und werden irgendwann Auswirkungen haben. Dieses Wissen erzeugt eine latente Angst und kann zu einem Gefühl der Hilflosigkeit oder Wut führen, wenn die beschränkte eigene Handlungsfähigkeit, dem Prozeß der schleichenden Vergiftung entgegenzuwirken, erkannt wird; zudem wird uns von seiten der Politik und der Wirtschaft tagtäglich demonstriert, wie wenig tatsächliches Handlungsinteresse besteht, gesundheitsgefährdende Technologien einzustellen.
- Die Politik verliert an Glaubwürdigkeit.
- Gewinnmaximierung von Wirtschaftsunternehmen führt zu Rationalisierungsmaßnahmen und damit zur Angst um den Arbeitsplatz.

Der Verlust der Traditionen macht Angst und bietet neue Freiheiten, eigene Lebensperspektiven zu entwickeln.

Was soll ich tun?

Früher wußte eine Frau, wie sie zu leben hatte, sie wußte, welche Aufgabe sie ihrem Mann, den Kindern gegenüber hatte, sie wußte, welche Normen und Werte verbindlich waren. Heute steht sie vielfältigen, einander widersprechenden Anforderungen gegenüber – sie soll sich im Beruf durchsetzen, aber ihren Kindern gegenüber soll sie geduldig und mitfühlend sein. Sie soll selbständig und aktiv sein, aber auch ausgleichend, vermittelnd, hingebungsvoll. Das bedeutet, daß wir Frauen uns nicht mehr an Vergangenem orientieren können, sondern daß es wichtig ist, sich selbst zu vertrauen und das Leben eigen-sinnig zu gestalten.

Über das eigene Leben zu bestimmen, ist für Frauen relativ neu und ist daher auch mit Angst und Zweifeln verbunden. Immer wieder taucht die Frage auf: »Wenn ich zwischen so vielen Möglichkeiten zu wählen habe, wer sagt mir, daß ich dann auch keinen Fehler mache?«

Wir wollen zwar inzwischen die Freiheit haben, zwischen verschiedenen Alternativen auswählen zu können – und gleichzeitig die 100%ige Sicherheit, daß unsere Entscheidung für eine Alternative die richtige ist. Leider gibt es *keine* hundertprozentige Sicherheit. Leider gibt es kein Rezept für ein erfülltes Leben.

Aus Angst, etwas falsch zu machen, tun wir gelegentlich lieber gar nichts, oder schieben anstehende Entscheidungen vor uns her, ohne aktiv etwas zu unternehmen. Dann können wir nicht versagen, aber auch nichts hinzulernen und werden frustriert, weil wir unsere innewohnenden Kräfte nicht einsetzen und uns so um unsere Selbstentfaltung drücken.

BEISPIEL:
Ich kenne eine wohlhabende, intelligente Frau, 41. Sie hatte Angst vor Entscheidungen, Angst, etwas falsch zu machen und wollte sich daher beruflich nicht festlegen. Dennoch setzte sie sich unter Zwang, irgend etwas arbeiten zu müssen. An einem Tag wollte sie Medizin studieren, am nächsten auf die Heilpraktikerschule, am dritten fuhr sie erst 'mal in Urlaub. Kaum zurück, setzte sie sich wieder unter Druck – und begann wieder mit denselben Gedanken – Medizin, Heilpraktikerin, Heilgymnastik, Innenarchitektur und fuhr dann wieder in Urlaub. Sie hoffte, daß ihr jemand sagen konnte, was sie tun sollte, damit sie von ihrem Dilemma befreit würde.

Sie zerstreute ihre Energie, wollte dies und das, letztendlich trat sie aber auf der Stelle und bekam umso mehr Angst, sich zu entscheiden, je stärker sie sich unter Druck setzte. Andererseits hatte sie Angst, eine falsche Entscheidung zu fällen und sich festzulegen, sodaß sie es vorzog, nichts zu tun.

Erst als sie zu akzeptieren gelernt hatte, daß sie *nicht* arbeiten *mußte*, konnte sie sich entspannen und von ihrem selbst erzeugten Streß erholen. Nach und nach erkannte sie, welche Bedürfnisse sie hatte, welche Fähigkeiten und daß sie diese Fähigkeiten mit anderen Menschen teilen wollte. Und so reifte in ihr der Entschluß, einen Heilberuf zu erlernen, den sie heute mit Freude ausübt.

Wir warten gelegentlich darauf, daß sich Probleme quasi »von selber« lösen, oder daß uns jemand anders die Entscheidung abnimmt, indem er sagt: »Tu' dies, tu das!« Wir sind dann zwar von der Verantwortung entbunden, laufen aber Gefahr, daß wir von anderen Menschen in eine Richtung gedrängt werden, in die wir ursprünglich gar nicht gehen wollten!

Freisein wollen alle. Doch erst, wenn Sie die Freiheit zu wählen mit Selbstverantwortung verbinden, wird Freiheit innerhalb der Wahlmöglichkeiten möglich und lebbar. Erst wenn Ihnen klar ist, daß es an Ihnen selbst liegt zu wählen, sich zu entscheiden, spüren Sie die Kraft, die in Ihnen steckt! Sie wissen dann, daß es bei keiner Entscheidung 100%ige Sicherheit gibt – und gehen das Risiko der Entscheidung dennoch ein, weil Sie erkannt haben, daß Sie nur dann erfüllt leben, wenn Sie Ihren eigenen Weg gehen.

Die Schriftstellerin *Christa Wolff* sagt: »Freude aus Verunsicherung ziehen, wer hat uns das je beigebracht?«

Genau darum geht es. Es macht Spaß, sich für das eigene Leben einzusetzen, immer wieder die Initiative zu ergreifen und sich zu entscheiden. »Will ich in derselben Firma bleiben?« Oder »Ziehe ich zu meinem Freund in eine andere Stadt?« oder »Will ich weiterhin mit meinem Mann leben?« Solange Sie die Verantwortung für eine Entscheidung nicht voll übernehmen, fühlen Sie sich von anderen gezwungen, etwas zu tun. Sie fühlen sich von außen zu einer Entscheidung und Handlung gedrängt und reagieren widerwillig oder Sie fangen an zu grübeln und zu zweifeln. »Soll ich dies oder das tun?«

Sie können aber auch zu sich sagen: »Ja. Ich vertrau' mir und meinen Fähigkeiten. An *mir* liegt es zu wählen und die Konsequenzen meiner Wahl zu akzeptieren«, dann übernehmen Sie die Verantwortung, Sie wählen bewußt, Sie entscheiden sich aktiv, sind klar in dem, was Sie wollen und tun und fühlen sich wohl.

»Aber, was ist, wenn ich einen Fehler mache?«

Sie können
jetzt
in Ihrem Leben gar keinen Fehler machen!

»Wie bitte?« werden Sie vielleicht denken. *Nein*, Sie können *jetzt* in Ihrem Leben gar keinen Fehler machen. Sie entscheiden sich und handeln doch immer so gut, wie Sie gerade *jetzt* können – das heißt, Ihre Entscheidungen und Handlungen werden von Ihrem Wissen, Können, Ihren Fähigkeiten, Gefühlen, Erwartungen mit beeinflußt.

Jetzt machen Sie immer eine Erfahrung. Im nachhinein können Sie sagen, daß die Entscheidung falsch war, jetzt können Sie das nie.

BEISPIEL:
Ich saß an meinem neuen PC und hatte einen Artikel für eine Zeitschrift geschrieben. Danach wollte ich das Geschriebene sichern, drückte auf eine Taste – und – weg war das Ganze! Ich hatte es gelöscht. Nachträglich war mir klar, daß das die falsche Taste war! Doch – es war zu spät. Ich war um eine Erfahrung reicher und wußte: Diesen Fehler würde ich nicht mehr machen.

Jetzt machen Sie immer eine Erfahrung. Zurückblickend können Sie sie etikettieren und sagen: »Das war ein Fehler.« Vorher nicht. Dann können Sie darüber nachdenken, wie Sie zu dieser Entscheidung und Handlung gekommen sind, welche Fakten oder Gefühle Sie ignoriert, welche Zusammenhänge Sie nicht bedacht hatten – schlicht: Jetzt können Sie aus dem Fehler lernen. Dazu sind Fehler da. Wenn Sie jedoch Ihre Wahrnehmung zu sehr darauf lenken, Fehler zu vermeiden, aus Angst, etwas falsch zu machen, dann verkrampfen Sie sich... und machen oft genau den Fehler, den Sie vermeiden wollten.

Wenn Sie wirklich wissen, daß Sie jetzt keinen Fehler machen können, dann fühlen Sie sich entlastet, es fällt Ihnen leichter, eine anstehende Entscheidung zu fällen und danach zu handeln. Sie wissen dann, daß Sie im gegenwärtigen Augenblick richtig und nach bestem Wissen entscheiden und handeln, können sich vertrauen und entspannen.

Und: Sie können Ihre Aufmerksamkeit auf das lenken, was Sie anstreben. Ihre Energie fließt in die Arbeit, nicht mehr in den Zweifel, Sie fühlen sich wohl und lebendig. Mit dieser Haltung macht es Ihnen zunehmend Freude, Ihr Leben selbst zu gestalten, eigene Fähigkeiten zu erproben, zu erweitern und damit Ihr Selbstvertrauen zu stärken. Um diese Freiräume und Freiheiten nutzen zu können, ist es immer wieder notwendig, die eigenen Grenzen, Gewohnheiten, Einengungen, Beschränkungen und Ängste zu erkennen – darüber hinauszugehen.

Freiheit beginnt tief im Bewußtsein eines Individuums,
aus ihr kommen Abwechslung und Wachstum,
der Kraftstoff des Lebens.

Holbrooke Jackson

Selbstvertrauen

Was heißt Selbstvertrauen?

Viele Frauen tun so, als ob sie es hätten. Manche tragen es demonstrativ zur Schau – und dann erweist es sich, daß auch Frauen, von denen es niemand erwartet hätte, Schwierigkeiten haben, sich dem Chef gegenüber abzugrenzen, dem Mann gegenüber die eigene Meinung zu vertreten oder wirklich 'mal was Verrücktes zu unternehmen.

Warum kritisiert eine Frau in einem Restaurant ein schlecht schmeckendes Essen so selten? Wieso schlägt sie nicht einmal über die Stränge? Wieso schont sie einen Mann, selbst wenn er sie gerade eben verletzt hat? Warum fällt es ihr schwer, sich rückhaltlos auf einen Mann einzulassen und sich hinzugeben?

Bevor Sie weiterlesen, nehmen Sie sich ein paar Minuten Zeit und beantworten Sie folgende Frage:
Was würden Sie gerne einmal tun, was Sie immer schon tun wollten, aber bis jetzt noch nicht getan haben?

Im Rahmen von Frauenseminaren ist *Selbstvertrauen* ein zentraler Punkt. Welche Fähigkeiten und Qualitäten verbinden Frauen mit Selbstvertrauen? Was würden Frauen gerne tun, wenn sie mehr Selbstvertrauen hätten? Hier einige Antworten:

»Dann würde ich mich trauen, endlich meinen Traum vom eigenen Laden zu verwirklichen.«

»Ich würde tun, was ich will, ohne Angst zu haben, daß ich mich blamieren könnte.«

»Mit mehr Selbstvertrauen hätte ich als Frau keine Minderwertigkeitsgefühle den Männern gegenüber.«

»Ich würde zu einem Kollegen in der Firma auch einmal nein sagen, wenn er mich wieder darum bittet, eine Arbeit für ihn zu erledigen.«

»Ich könnte dann meine lange Nase und 30 Pfund Überge-wicht akzeptieren.«

»Ich würde mich als Frau allein, ohne Mann, vollwertig fühlen und für meine Rechte einstehen.«

»Ich würde nicht so viel Rücksicht auf meinen Mann neh-men.«

»Ich würde eine Gehaltserhöhung fordern!«

»Neugierig Neues wagen, ohne zu wissen, was dabei her-auskommt.«

»Spontan jemandem sagen, daß ich ihn mag.«

»Selbstvertrauen? Ich würde mich so annehmen, wie ich bin – mit all meinen Stärken und Macken.«

»Ich würde mich hundertprozentig auf das Leben einlas-sen und hingeben ohne Rückversicherung, ohne Zweifel.«

»Wissen, daß ich das Richtige tu'.«

»Meinen Weg gehen und mich nicht von meinen Ängsten vom Tun abhalten lassen.«

»Ich würde meinem Mann sagen, was mich an ihm stört.«

Bei aller Vielfalt der Antworten wird deutlich, daß Frauen sich mehr für ihre eigenen Rechte, ihre eigenen Bedürfnisse, ja mehr für sich selbst einsetzen wollen. Sie verbinden Selbstvertrauen mit einer aktiven, zuversichtlichen Haltung dem Leben und sich selber gegenüber, einer Haltung, die sie befähigt, Dinge, Aufgaben konstruktiv, lebensbejahend an-zugehen, sich dafür voll einzusetzen, sich angreifbar zu ma-chen und sich nicht durch Ängste am Handeln hindern zu lassen. Selbstvertrauen – so verstanden – bildet die Basis für persönliche Entfaltung und ein erfülltes Leben.

Manche Menschen meinen: Entweder man hat Selbstver-trauen oder man hat es nicht. Dem stimme ich nicht zu – für mich ist das Leben ein Prozeß, in dem ich viele Chancen habe, mich tiefer kennenzulernen, mir zu vertrauen. Daher ist für mich Selbstvertrauen nichts Statisches, Unveränder-bares, sondern ein dynamischer Entwicklungsprozeß. Ich vertraue mir in manchen Bereichen meines Lebens und ich weiß, daß ich in anderen Bereichen durch Übung, Übung, Übung dazulerne und mir nach und nach vertrauen lerne.

- Ich bin nicht gut genug.
- Ich bin nicht liebenswert.
- Ich bin nicht in Ordnung.

> Wenn ich meine Aufmerksamkeit auf meine Schwächen richte, schwäche ich mich selber.

Dies muß nicht unbedingt sein, die Schwierigkeit ist jedoch die, daß wir dazu neigen, in Verbindung mit Schwachpunkten unsere Ängste so groß und übermächtig werden zu lassen, so daß wir nicht mehr konstruktiv mit der Situation umgehen können. Wenn ich zum Beispiel nicht gut in der Öffentlichkeit sprechen kann, dies überkritisch negativ bewerte, dann setze ich mich unter Druck, diese Schwäche ausgleichen zu müssen. Durch den Druck blockiere ich mich selbst – und verurteile mich, wenn ich es nicht geschafft habe, sage mir: »Das nächste Mal, da muß ich es schaffen.« Gleichzeitig werde ich aber innerlich angespannt, weil ich mir nun beweisen muß, daß es geht; ich habe vermehrt Angst vor der nächsten Gelegenheit, öffentlich zu sprechen und wahrscheinlich sage ich dann wieder nichts, bewerte mich hinterher noch kritischer und bestätige mir wiederum, daß ich nicht in Ordnung bin!

Wenn ich in erster Linie auf meine Schwächen schaue und mich deswegen verkrampfe – wie kann ich da Selbstvertrauen aufbauen? – Gar nicht, da ich mich gedanklich immer niedermache und verurteile. Ich kann mir bei derselben Ausgangsposition Mut zusprechen, mir Gelegenheiten heraussuchen, zum Beispiel Elternabend, Vortrag, Arbeitsmeeting, bei denen ich mich schrittweise meiner Angst annähere, indem ich beispielsweise damit beginne, eine Frage zu stellen und mich danach für meinen Mut lobe.

Dazu möchte ich Ihnen eine kleine Übung vorschlagen:

Schreiben Sie, bitte, je auf ein Blatt Papier auf:
a) Was sind Ihre Stärken?
b) Was sind Ihre Schwächen?
   Was ging schneller?
   Behalten Sie das Blatt, Sie brauchen es für eine spätere Übung.

Mir geht es darum, eine innere Haltung dem Leben gegenüber aufzubauen, die von meinen Stärken und inneren Potentialen ausgeht *und* meine Schwächen einschließt. Auf meine Stärken kann ich zurückgreifen, mich auf meine Fähigkeiten verlassen, sie als Ausgangspunkt für Weiterentwicklung verwenden. Und meine Schwächen sind kein Grund, nicht liebenswert oder nicht gut genug zu sein oder mich gar als Person zu verurteilen, sondern sind ein Ansporn, Neues zu lernen, neue Fertigkeiten und Fähigkeiten zu entwickeln.

> Wenn ich meine Aufmerksamkeit auf meine Stärken richte, stärke ich mich selber.

»Ja, aber da manipuliere ich mich doch!«, werden Sie vielleicht entrüstet entgegenhalten. Ja, klar. Das tun Sie doch den ganzen Tag durch Ihre Gedanken und Gefühle, durch Ihre Interpretationen von Situationen. Natürlich ist das ein gedanklicher Trick – doch Sie haben die Wahl, ob Sie Ihr Leben eher von der negativen oder von der konstruktiven Warte aus betrachten wollen. Und diese Wahl hat beträchtliche Konsequenzen für Ihre persönliche Entfaltung.
Wenn ich etwa vor einer Prüfung stehe und gelernt habe, so kann ich mir entweder sagen: »Ich habe gelernt. Ich weiß eine Menge.« Und kann relativ gelassen zur Prüfung schreiten in dem Wissen um meine Fähigkeiten. Oder ich sage:»Ich habe zwar gelernt, aber ich weiß dies nicht, ich weiß das nicht.« Und gehe mit Anspannung in die Prüfung, mit meinen

Lücken und Schwachpunkten im Hinterkopf. Diese unterschiedlichen Positionen bringen unterschiedliche Körperhaltungen, unterschiedliche Stimmungen, ein unterschiedliches Vertrauen in mich mit sich und beeinflussen dadurch die Prüfung...

Ich bin grundsätzlich für kritische Reflexionen, für das Hinterfragen der eigenen und der gesellschaftlichen Beweggründe und Zusammenhänge. Wir halten jedoch oftmals das Negativdenken, das ständige Zweifeln und Kritisieren für die einzige Wirklichkeit – und verkennen, daß das genauso eine einseitige Einstellung ist, wie das kritiklose Positivdenken.

Mir geht es um das Zulassen, Anerkennen und Integrieren von beiden Seiten. Beides gehört zum Leben. So wie zu einer Rose die Blüte und die Dornen gehören, so gehören zum Leben Stärken und Schwächen. Stärken und Schwächen sind nichts Absolutes, nichts Unverrückbares, nichts ein für allemal Festgelegtes! Es kommt auf die Situation an, ob eine Stärke sich als Stärke erweist... Wenn ich bei einer Arbeit zielstrebig bin, ist das sicher eine Stärke. Wenn ich jedoch mein Privatleben genauso zielstrebig organisieren will, dann wird aus der Stärke Schwäche.

2. ÜBUNG:
Nehmen Sie daher Ihr Blatt und ergänzen Sie:
a) Meine Stärken sind Schwächen, wenn...
b) Meine Schwächen sind Stärken, wenn...

Dennoch:

> Auf Stärken können Sie bauen.
> An Schwächen können sie lernen.

»Gut, gut, aber damit weiß ich immer noch nicht, warum ich meinem Freund nicht sagen kann, daß ich keine Lust habe, mit ihm zu schlafen? Und: Wieso kann ich nicht zu einer Kollegin sagen, daß ich gerne mit ihr zusammenarbeite? Wieso bleibe ich äußerlich ruhig, auch wenn ich innerlich wütend bin? Wie kann ich mit meinem Minderwertigkeitsgefühl umgehen?«

Hinter diesen Fragen stecken neben der individuellen Eigenart der Fragestellerinnen gesellschaftliche Konventionen und Werte, Überzeugungen, Erfahrungen, Erwartungen an andere und mich selber, »Glaubensmuster« darüber, was richtig und falsch ist, wie sich eine erwachsene Frau zu verhalten hat oder nicht.

Ich möchte Sie im nächsten Kapitel einladen, sich einmal ausführlich die männliche Wertewelt und im Zusammenhang damit die Erziehung zur Weiblichkeit anzuschauen. Sie werden erkennen, welche typisch weiblichen Stärken und Schwächen aus dieser Erziehung resultieren. Auf dieser Grundlage können Sie dann noch besser verstehen, womit die weiblichen Stärken, aber auch die Ängste und Minderwertigkeitsgefühle zusammenhängen.

Die gesellschaftliche Realität verstehen und akzeptieren ist eine Seite, die andere ist, daß Sie selbst etwas dafür tun können, ein erfüllendes und bereicherndes Leben zu leben.

Ich werde Ihnen einfache Möglichkeiten vorstellen, wie Sie täglich Ihr Selbstvertrauen und Ihr Selbstwertgefühl stärken können und dadurch an die Quelle Ihrer Energie und Ihrer inneren Zufriedenheit gelangen.

Doch zuvor bitte ich Sie, folgende ÜBUNG zu machen:

Zu Beginn dieses Kapitels hatte ich Ihnen eine Frage gestellt. Blättern Sie zurück und schreiben Sie die Antwort auf.

Beantworten Sie nun die folgenden Fragen:

Welche Gedanken und Gefühle haben Sie bis jetzt daran gehindert, dieses Vorhaben in die Tat umzusetzen?

Wollen Sie dieses Vorhaben überhaupt je verwirklichen?

Sind Sie ganz sicher?

Wovor schützt Sie Ihr bisheriges Verhalten?

Welche Fähigkeiten entwickeln Sie, wenn Sie Ihr Vorhaben in die Tat umsetzen?

Welche Befürchtungen und Ängste überwinden Sie dabei?

Stellen Sie es sich bildlich-konkret vor, wie es ist, wenn Sie

Ihr Vorhaben realisiert haben. Wie fühlen Sie sich dabei? Was sagen Sie zu sich selbst, daß Sie es geschafft haben?

Das größte Glück ist es,
an sich selbst zu glauben.
Selma Lagerlöf

Und Sie können das tun!

Erkennen der Zusammenhänge
Der Mann will nur eines: Überlegenheit

Ich erlebe immer wieder, daß Frauen auf einer tiefen, gleichwertigen, existentiellen Ebene miteinander reden, sich verstehen, Intimität und grundsätzliches Vertrauen herstellen können. Sie reden über ihr Leben, ihre Empfindungen, Schwierigkeiten, Ängste, Probleme... Dabei öffnen Sie sich, zeigen ihre Stärken und Schwächen. Das macht sie verwundbar, verletzlich. Sie hören einander zu, tauschen Gefühle und Gedanken aus, sind mitfühlend. Es entsteht Nähe und das Gefühl des Verbundenseins und der gegenseitigen Unterstützung... und sie ziehen Kraft aus diesen vertraulichen Gesprächen und stärken so ihr Selbstvertrauen. Ich bin meinen Freundinnen sehr dankbar, daß solche nährenden, liebevoll-aufbauenden Gespräche möglich sind. Sie helfen mir, mich und andere Frauen besser zu verstehen. – Doch sobald ein einziger Mann hinzukommt, ändert sich das Gespräch, die Haltung, die Gestik. Frauen wandeln das Thema ab, nehmen sich in ihren Gedanken und Gefühlen zurück, zeigen weniger von ihren Fähigkeiten und von sich und beziehen den Mann in aller Regel mit ein. Es dauert nicht lange, und der Mann dominiert in der Szene. Das Gespräch wird für Frauen oberflächlicher, sachlicher, langweiliger. Ganz offensichtlich wollen Frauen nicht, daß Männer zu dieser Intimsphäre Zutritt haben.

Männer haben wenig Ahnung von dieser Welt der Frauen. Sie verstehen nicht, was Frauen miteinander zu bereden haben, worüber sie miteinander lachen oder schimpfen. Sie werden nur selten Zeuge von den tieferen Schichten der Frauen. Warum? Frauen haben in ihrer jahrhundertelangen Geschichte der Unterdrückung tausendfach erlebt und erle-

40

ben es noch heute, daß ihre Themen, Gedanken, Gefühle nicht ernst genommen wurden, nicht ernst genommen werden. Das tut weh. Sie haben wiederholt erlebt, daß sie allein aufgrund ihres Geschlechtes als minderwertig galten. Wenn Frauen den Männern heute etwas über ihre Gefühle und Gedanken mitteilen wollen, gar berechtigte Kritik am Verhalten und an den Äußerungen von Männern üben, dann sagen diese oft:»Du bist zu empfindlich«, oder»Ich hab' jetzt keine Zeit, später.« Oder sie hören nicht zu oder wechseln abrupt das Thema.

Männer zeigen Frauen damit implizit, daß ihre Belange für sie nicht interessant genug sind. Frauen erleben dadurch, daß der Mann sie nicht als gleich-wertige Partnerin schätzt, und so lernen sie, sich vor Kränkungen zu schützen, indem sie sich den Männern nicht mehr so zeigen, wie sie sind.

Männer maßen sich oft an, über die Befindlichkeit der Frauen zu urteilen und wundern sich, daß immer mehr Frauen die Nase von den Männern voll haben. Frauen wollen sich austauschen, wollen Beziehungen herstellen, wollen Nähe, den Mann verstehen und sich ihm verständlich machen. Sie wollen mit ihm kooperieren, eine gleichwertige Partnerin sein. Doch die Welt der Männer ist eine andere. Männer haben gelernt, daß in ihrer Welt nur eines zählt: ihre Überlegenheit.

Geschichte männlicher Überlegenheit

Sie ist nicht vom einen zum anderen Tag entstanden, sondern hat sich im Laufe der Jahrhunderte entwickelt. Das Christentum legte entscheidende Grundsteine für die Rollen der Geschlechter und die Überlegenheit des Mannes.

Im ersten Buch Moses steht die klare Handlungsanweisung für Frau und Mann:»Dein Verlangen soll nach Deinem Manne sein, aber er soll Dein Herr sein.« Die Frau sei dem Manne untertan. Sie soll ihm dienen und ihn als ihren Herrn und Meister akzeptieren. Zu ihm soll sie aufschauen. Ihm werden die Kompetenzen zugesprochen.

Damit wird ein hierarchisches Verhältnis zwischen Frau und Mann postuliert. Deutlicher noch wird Timotheus in seinem ersten Brief, indem er schreibt:»Eine Frau lerne in der Stille mit aller Unterordnung. Einer Frau gestatte ich nicht, daß sie lehre, auch nicht, daß sie sich über den Mann erhebe, sondern sie sei stille.«

Danach hatte der Mann das Sagen, die Frau sollte sich ihm still und schweigend unterordnen. Damit wurde ihr verboten, ihr Wissen kundzutun, ihre geistigen Fähigkeiten zu nutzen. Dennoch glaubten Frau und Mann gemeinsam an Gott als ihren Schöpfer, der allein sie aus dem irdischen Leiden erlösen konnte. Sie glaubten an die Macht eines höheren Wesens, dem sie beide untertan und von dem sie abhängig waren. Der Herrgott wurde allmächtig erlebt, die Menschen hatten das Gefühl, ohne ihn hilflos und ohnmächtig zu sein.

Diese Auffassung änderte sich durch die Aufklärung und dem damit aufkommenden »vernunftgemäßen Denken«. Die Philosophie von René Descartes wurde zum Leitbild der Naturwissenschaften, zum Leitbild eines ganzen Weltbildes und kumulierte in dem berühmten Satz:»Ich denke, also bin ich.« Descartes war der Ansicht, daß das Denken das Wesentliche des Menschen sei. Analytisches, zergliederndes, logisches, schlußfolgerndes Denken wurde zu der wissenschaftlichen Methode, mittels derer der Mann die Natur erforschen und sich die Erde untertan machen wollte. Damit befreite sich der Mensch von seiner Abhängigkeit von Gott und wurde selbst zum Maß aller Dinge. Mit seinem erstarkten Ich glaubte der Mensch, insbesondere der Mann, alles zu wissen, alles selbst machen zu können, um sich nicht mehr von Gott abhängig zu fühlen. Mit der Entmachtung Gottes ging eine Erhöhung des Mannes einher.

Durch die Aufklärung wurde das logische Denken aufgewertet und dem Mann, als dem Herrn zugeordnet, während Gefühl und Intuition abgewertet und der Frau zugeschrieben wurden. Letztlich leitete die Aufklärung einen zunehmenden Prozeß der Geschlechterspaltung ein, wobei der Mann die aktive, vernünftige Seite, das »starke Geschlecht« verkörperte und Gefühle, Hingabefähigkeit, Leiden, Schwäche, Ohnmacht an die Frau delegierte. Frauen wurden zum »schwachen Geschlecht«, wobei die Wissenschaften – Philosophie, Religionswissenschaft, Biologie und Psychologie – gemeinsam bemüht waren, »Beweise« für die Minderwertigkeit der Frau zu erbringen.

Dieser Aufspaltungsprozeß in das »starke« und das »schwache« Geschlecht führte auf dem Gebiet der Naturwissenschaften und Technik zu einem gewaltigen Aufschwung. Da Männer ihre Ohnmachtsgefühle, ihre Zweifel und Ängste weitgehend an die Frauen abgegeben hatten, konnten sie im Glauben an ihre eigene Omnipotenz forschen, experimentieren, Sachkompetenzen erwerben und ausbauen und damit die Entwicklung voranbringen.

Selbstverständlich glaubten die Männer, daß *ihre* Art zu denken, zu handeln, zu leben die wichtigere war, brachte sie doch allen Menschen jede Menge zivilisatorischer, wirtschaftlicher, sozialer, politischer, kultureller Neuerungen. So ist es nicht verwunderlich, daß der Mann zum kulturellen Wertsetzer und Wertträger wurde, der die gesellschaftlichen Normen, Werte, Spielregeln bestimmte. Für den Mann ging es im aufstrebenden Kapitalismus darum, aktiv zu handeln, in der Wirtschaft neue Märkte zu erobern, die Technik im Griff und unter Kontrolle zu bekommen, um sich und seiner Familie ein angenehmes Leben in Wohlstand leisten zu können.

Für eine Frau war es ungemein wichtig zu heiraten. Durch den Mann war für sie ein sozialer Aufstieg möglich, sie war materiell versorgt und konnte ihr weibliches Minderwertigkeitsgefühl, das sie aufgrund der Geschlechtszugehörigkeit hatte, damit teilweise ausgleichen. Für den Mann war es wichtig, ein »guter Ernährer, Ehemann und Familienvater« zu sein. Der Mann kümmerte sich um die Geschäfte, Planungen, Finanzen. Er verköperte die Vernunft, die Autorität und nahm seiner Frau die Last der wichtigen Entscheidungen und der Verantwortung ab. Da er Wertträger war, war er auch zuständig für Lob und Strafe bei Abweichung von den Normen. Ihm oblag es, seine Frau je nach Laune zu loben oder zu tadeln, er entschied darüber, ob sie ihn genug liebte, sich ihm genug zugewandt hatte!

Männer fanden Theorien über den männlichen Sexualtrieb, der ihnen Freiraum für Eskapaden ließ, während sie die Frau zu einem entsexualisierten Wesen hochstilisierten, das ihr Glück in Mutterschaft finden und dem Manne in selbstloser Ergebenheit dienen sollte. Nietzsches Satz: »Das Glück des Mannes hießt: Ich will. Das Glück des Weibes heißt: Er will«, trifft den Kern patriarchalischen Denkens, das die Überlegenheit des Mannes sicherte und die Frau nicht nur ökonomisch an den Mann gebunden hatte.

Aus diesen historischen Wurzeln entwickelte sich auch die Inkarnation des Machos unserer Tage. Sie kennen ihn alle, den Mann ohne Fehl und Tadel. Er ist ein Mann, der weiß, wo's langgeht, dessen fester Händedruck, dessen Gang gelassene Selbstsicherheit und Selbstverständlichkeit ausdrückt. Er ist ein Mann, der logisch denkt und dessen tiefe Stimme überzeugt. Dieser Mann hat sich unter Kontrolle, er fragt nicht viel, er überlegt und handelt aktiv, er versteckt seine Angst hinter seinem Image der Stärke. Er ist beruflich erfolgreich, verheiratet, hat ein bis zwei Kinder, ein Haus mit Garten und Feuchtbiotop.

Fast könnte man meinen, er sei perfekt... Das Schwierige an ihm ist, daß er ständig im Konkurrenzkampf mit anderen steht. Er ist ständig im Streß, muß sich und anderen permanent beweisen, wie gut er ist. Er muß sehr gut sein, alles andere zählt nicht. Und so kämpft er gegen jeden und alle – selbst zuhause muß er seiner Frau und den Kindern beweisen, daß *er* recht hat, daß *er* der Überlegene ist. Arno Gruen, ein bekannter Psychoanalytiker, hat in seinem Buch: *Der Verrat am Selbst* zutreffend geschrieben: »Es ist das Image der Stärke, der Entschlossenheit, der Macht und Furchtlosigkeit, des Wissens und der Kontrolle, ein Image ohne Angstgefühle oder Schuldbewußtsein, in dem ein Mann seine ›Persönlichkeit‹ findet.«

Wie sich die Verinnerlichung dieses Image bei einem

Mann in der Partnerschaft auswirken kann, soll folgendes Beispiel zeigen:

BEISPIEL:
Claudia, 32, war Arzthelferin, ist verheiratet mit Klaus, 34, Jurist mit eigener Kanzlei. Sie haben gemeinsam zwei Kinder im Alter von vier und sieben Jahren. Da Klaus gut verdient, konnte sich Claudia entscheiden, zuhause zu bleiben, um ganz für Kinder, Haushalt und den großen Garten zu sorgen. »Es waren die vielen kleinen Dinge, die mich nervten«, sagt Claudia. »Immer wieder hat er beweisen müssen, daß *er* der Klügere, Intelligentere, Weltgewandtere von uns war. Er hielt mir beim Essen Vorträge über Politik. Und wenn ich dann gelegentlich meine Meinung zu äußern wagte, sagte er, ich sei nicht informiert genug, um mitreden zu können. Oder er kritisierte meine Kochkunst: ›In dieser Suppe fehlt ein wenig Rosmarin. Dann wäre sie noch besser.‹ Oder er warf mir vor, daß gerade dieser Tag so günstig gewesen wäre, den Rasen zu mähen, warum ich es nicht getan hätte...« Claudia erkannte, daß Klaus sie dann besonders kritisierte, wenn er einen stressigen Tag hinter sich hatte. »Wahrscheinlich steht er unter Spannung und muß sich abreagieren«, dachte sie und ließ es zu, daß er sich auf ihre Kosten von seiner Spannung befreite. Ihr Selbstvertrauen sank stetig. Sie fühlte sich in ihrer Rolle als Hausfrau immer unwohler, kam sich allmählich dumm und wertlos vor. Sie hatte das Gefühl, es ihm nie recht machen zu können. Egal, wieviel sie tat, egal, wie sie sich um Haus und Kinder kümmerte, er fand jeden Tag das berühmte Haar in der Suppe. »Ich wurde immer kleinlauter, ärgerte mich schrecklich über ihn, und wenn ich mal platzte, dann meinte er: ›Deine Nerven sind angeschlagen. Wie kommt das, du hast doch den ganzen Tag nichts zu tun?‹« Klaus hatte Spaß daran, mit der ältesten Tochter, die gerade in der ersten Klasse war, zu lernen. Er brachte ihr das Lesen bei. Und er bemühte sich besonders, wenn sie etwas nicht konnte. Dann zeigte er sich fürsorglich, liebevoll, half ihr und war überlegen.

Lange Zeit re-agierte Claudia nur auf Klaus, sie handelte nicht aktiv. Sie ließ es zu, daß er sie als seelischen Mülleimer benutzte. Und er spürte, daß er es mit ihr machen konnte. Er gab einfach seine Spannung an sie weiter. Er delegierte an sie seinen Ärger, seine Kleinheitsgefühle, die sie stellvertretend für ihn fühlen mußte. Nur so konnte er groß bleiben. Das heißt, daß sie durch ihre Haltung ihn stabilisierte und sein Machogehabe damit weiter verstärkte. Auf diese Weise mußte er sich nicht mit seiner eigenen Unsicherheit, seinen Zweifeln, seiner Schwäche auseinandersetzen – dafür hatte er Claudia. Da sie – in seinen Augen – vieles nicht wußte, konnte er tagtäglich seiner Frauenverachtung freien Lauf lassen und dies stets an einem anderen Grund festmachen – einmal war die Suppe nicht gut genug, das andere Mal hatte sie den Rasen nicht zur rechten Zeit gemäht, das dritte Mal versagte sie in der Kindererziehung. Und überhaupt, so wußte er, eine Frau, die unsicher und obendrein materiell vom Mann abhängig ist, die läuft nicht so schnell weg oder?

Und Claudia? Sie war erst mal froh, einen Mann mit Karriereaussichten geheiratet zu haben. Für sie war das ein sozialer und materieller Aufstieg. Sie hatte durch ihre Erziehung gelernt, daß sie Männer nicht kritisieren durfte und daß Männer die wichtigeren Menschen waren und daß sie so, wie sie war, »nicht gut genug war«. Sie hatte implizit von sich geglaubt, dumm und daher nicht liebenswert zu sein und seine ständige Nörgelei in Kauf genommen und zugelassen, daß er ihr Recht auf Würde und Anerkennung als Mensch mit Füßen treten konnte. Sie gab lange ihm die alleinige Schuld, daß sie sich so schlecht fühlte. Wenn *er* sich nur konstruktiver verhalten hätte, dann wäre es ihr besser gegangen! Claudia hatte nicht bemerkt, daß sie nach und nach die Verantwortung für ihr Leben Klaus abgegeben und sich von seinen Launen abhängig gemacht hatte.

Klaus war der Überlegene, Claudia die Unterlegene. Damit hatten beide das traditionell patriarchalische Rollenverständnis von Frau und Mann reproduziert, *ohne* es zu bemerken. Wer Macht ausübt, diktiert dem anderen die Spielregeln, er denkt, allein zu wissen, was richtig ist.

Tatsache ist, daß derjenige, der immer glaubt, im Recht zu sein, unter Realitätsverzerrung leidet ebenso wie der- oder diejenige, der/die sich ständig unterordnet.

Da Frauen traditionell auf die Ergänzungsrolle hin erzogen werden, stelle ich zunächst die Frage: Wodurch lernt ein Mann diese einseitige Haltung der männlichen Überlegenheit?

Zum Macho wird der Mann erzogen

»Ein Sohn, ein Sohn!« Mit der Geburt eines Sohnes hatte die Frau früher alles erreicht, was im Leben einer Frau wichtig war. Die Erhaltung der Familie war gesichert. Die Eltern hatten eine Arbeitskraft, einen Erben und eine lebendige Rentenversicherung erhalten. Selbst wenn heute zunehmend Frauen sagen: »Ich freue mich genauso, wenn es eine Tochter wird«, zeigt doch die Betonung, daß dem nicht so ist. Für Frauen, die in einer männerdominierenden Gesellschaft leben, ist es das Größte, einen Sohn zu bekommen, um sich auf diese Weise zum Teil vom Makel der Minderwertigkeit zu befreien. Sie haben wenigstens einen Sohn geboren, sind damit Mutter geworden – und endlich wertvoll. Er soll nun stellvertretend für sie hinaus in die Welt ziehen und gemäß seiner kulturgegebenen Überlegenheit Karriere machen. Der Sohn soll das schaffen, was ihr verwehrt geblieben ist. Er soll ihren Ehrgeiz stillen und ihr die Liebe geben, die sie von ihrem Mann nicht bekommt! Da Frauen durch die verinnerlichten Spielregeln der Gesellschaft den Mann idealisieren, stellen sie auch ihren Sohn aufs Podest. Doch da hinter jeder Idealisierung auch Verachtung steckt, ist ihre Beziehung zum Sohn ambivalent, gehört er doch dem Geschlecht an, das sie unterdrückt und nicht als gleichwertig anerkennt!

Für den kleinen Jungen dauert es nicht lang, bis Erziehungsmaßnahmen sein Leben in eine bestimmte Richtung drängen, wenn auch nicht mehr ganz so rigide wie früher.

Wenn ein kleiner Junge beim Spielen hingefallen ist, weint und hilfesuchend zu seiner Mutter rennt, so heißt es auch heute noch oft: »Du bist doch ein großer Junge. Jungen weinen nicht!« Oder: »Du bist doch kein Mädchen. Nur Mädchen weinen.« Und so lernt der Junge diese Lektion; er merkt, daß Jungen anders sind als Mädchen. Er weiß zwar, daß seine Mutter zwar gerne mit ihm schmust, aber auf der anderen Seite lernt er: »Ein Indianer kennt keinen Schmerz!« Und so verkneift er es sich, seine Schmerzen laut zu äußern. Schließlich will er tapfer sein! »Ein Junge kämpft und setzt sich durch!« Das hört er vom Vater – und weiß, daß er lernen muß, gegen andere zu kämpfen und zu siegen, sei es durch Raufen oder später durch fairen, aber harten Wettkampf. Dann ist der Vater stolz auf ihn! Und er lernt auch diese Lektion – Sieger sind beliebt, Sieger geben den Ton an, auf Sieger hören die anderen und tun, was ihnen gesagt wird. Das sieht er jeden Tag im Fernsehen in den Sportsendungen. Er will auch gewinnen, er will beweisen, daß er gut ist. Es ist klar, daß andere dann verlieren. Und so lernt er, daß Konkurrenz und Leistung das A und O in seinem Leben werden.

Aber er lernt auch noch anderes. Durch das Fernsehen sieht er jeden Tag, daß Männer – und er wird ja mal einer – bedeutender sind als Frauen. *Männer* spielen in fast jedem Film die *Hauptrolle!* Sie kämpfen, setzen ihr Leben für die verschiedensten Ziele ein... und gewinnen. Frauen kommen nur am Rande, in einer Nebenrolle vor; sie helfen zwar den Männern, aber sie sind nicht so wichtig! Und im realen Leben merkt der Junge, daß seine Mutter sich um ihn als den »kleinen Prinzen« kümmert, viel für ihn tut und er dafür fast nichts leisten muß. Er lernt, dies mit Selbstverständlichkeit hinzunehmen. Und seine Mutter freut sich, wenn er sie gelegentlich anlächelt oder in den Arm nimmt. Er merkt, daß die Mutter sich dem Vater gegenüber ähnlich verhält – er kommt nach Hause und alles dreht sich um ihn. Der Junge zieht folgerichtig den Schluß: Der Vater ist wichtiger als die Mutter. Die Mutter umsorgt *ihn*, nicht umgekehrt. Er bestimmt weitgehend, was getan wird, er bezahlt im Restaurant, er entscheidet in wichtigen Angelegenheiten. Der Junge bemerkt, daß es in anderen Familien auch so ist und übernimmt schon früh diese Haltung.

Wie schon in jungen Jahren die Erziehung wirkt, zeigt folgendes BEISPIEL:

Als ich noch Lehrerin war, erlebte ich das geschlechtstypische Verhalten von Kindern im Alter von acht Jahren: Wenn zum Beispiel ein Junge bei einer Einzelarbeit plötzlich laut sagte: »Ich kann das nicht«, dann eilten sofort mehrere Mädchen herbei und halfen ihm. Sagte gelegentlich ein Mädchen: »Ich kann das nicht«, so half diesem Mädchen höchstens die Banknachbarin.

Der Junge lernt, daß die Lehrerinnen in der Schule Buben gewohnheitsmäßig bevorzugen, wie auch die Studien von Ilse Brehmer (Mitbegründerin der Interdisziplinären Forschungsstelle für Frauenforschung, Bielefeld) eindrucksvoll belegen. In ihren Studien weist sie nach, daß Lehrer zwei Drittel ihrer Aufmerksamkeit den Jungen zuwenden, daß diese mehr Lob, aber auch mehr Tadel erhalten und mehr Aufmerksamkeit als Mädchen verlangen.

FAZIT:

Das bedeutet, daß der Junge durch die Sozialisation auch heute noch ein *kulturell bedingtes Gefühl der Überlegenheit* erwirbt, das mit ihm als Individuum nur aufgrund der Geschlechtszugehörigkeit etwas zu tun hat! Mit dem Gewahrwerden seiner männlichen Dominanz geht die Abwertung des Weiblichen einher. Frauen sind dazu da, daß es ihm gut geht, damit er seiner Arbeit nachgehen kann. Er hat kapiert, daß er als Mann das Recht hat, von Frauen umsorgt zu werden, *ohne* selbst aktiv etwas beitragen zu müssen. Er hat das in seiner Kindheit jahrelang erlebt und glaubt, daß es so weitergehen wird! In den Kinderjahren wird der Boden vorbereitet, daß Männer später nicht lieben können. Ich will damit nicht das Verhalten der Mütter und Väter verurteilen. Sie tun in ihrer Erziehung das, was sie von ihren Eltern gelernt und übernommen haben. Sie haben selbst das patriarchalische System so verinnerlicht, daß sie nicht merken, daß sie genau dieses, wenn auch in modifizierter Form weitergeben. Ändern kann sich in der Erziehung erst etwas, wenn Frau und Mann sich ihrer Rolle zunehmend bewußt werden, ihre bisherigen Handlungsweisen verstehen, Alternativen dazu entwickeln und einander als gleichwertige Partner akzeptieren.

Die verschiedenen Arten der Überlegenheit des Mannes

Wie sich die Erziehung zum Mann im Erwachsenenleben auswirkt, soll nun exemplarisch dargestellt werden. Dem Mann stehen viele Möglichkeiten zur Verfügung, seine Überlegenheit auszuspielen, je nachdem, wie intelligent und kreativ er ist, und je nachdem, ob andere Menschen, Frauen und Männer, sein Spiel mitspielen.

Jede Frau sollte wissen: *Ein Mann hat grundsätzlich recht!* Warum? Weil er ein Mann ist. Punkt – Ende der Diskussion. Männer werden in unserer Gesellschaft generell für kompetenter gehalten, was auf sachlichen Gebieten noch überwiegend zutrifft. Frauen müssen ihre Kompetenz erst beweisen.

So hatte eine Freundin von mir zusammen mit einem männlichen Kollegen in der Firma ein Seminar zu halten. Da sie in diesem Fall kompetenter war, war sie aktiver. Bei der Abschlußrunde am Ende des Seminars sagte ein Teilnehmer zu dem männlichen Kollegen: »Es hat mir gut gefallen, wie Sie sich zurückgehalten haben und vom Hintergrund aus die Fäden in der Hand gehalten hatten.« Die Freundin von mir war völlig verblüfft, wie dieser Mann die Seminarsituation wahrgenommen hatte. Ihr Kollege nahm die Lorbeeren nicht an, sondern erwiderte: »Nein, ich hatte die Fäden nicht in der Hand. Frau X versteht von der Sache mehr, daher hatte sie die Führung.«

Wenn zum Beispiel zwei Paare zusammensitzen, dann dauert es nicht lange, und die Männer haben die Gesprächsführung übernommen. Die Frauen lächeln verbindlich, hören zu, nicken, stellen gelegentlich eine Zwischenfrage, um zu zeigen, daß sie auch noch da sind. Sie überlassen den Männern das Feld über weite Strecken, begnügen sich mit der Rolle der Zuhörerinnen und passen sich dem männlichen Gesprächsstil an, das heißt, sie bleiben überwiegend auf der Sachebene. Oder: Die Männer und Frauen unterhalten sich gesondert, so daß kaum eine Kommuniktion zwischen ihnen stattfindet.

Wenn sich eine Frau mit einem Mann im Privatleben unterhält, so wird aus dem Gespräch leicht ein Vortrag, wobei der Mann über ein Sachthema referiert, sich an seiner Redegewandtheit ergötzt, während die Frau sich leicht in die Rolle der fragenden Schülerin gedrängt fühlt. Er macht sich zum Lehrer, sie wird zur Schülerin, die bewundernd zu ihm aufblickt, an seinen Lippen hängt und von so viel Information beinahe erschlagen wird. Nun ist ja nichts gegen einen guten Vortrag einzuwenden. Was eine Frau oft langweilt, frustriert, verärgert ist die Einseitigkeit dieses Gesprächsmusters, denn wenn eine Frau dann beginnt zu erzählen, dann dauert es nicht lange... und er hört nicht mehr zu.

Das Gesprächsmuster sieht oft so aus: Der Mann spricht, die Frau hört zu.

Was hier fehlt, ist der wechselseitige Austausch, das Aufeinandereingehen. Sie kämpft nicht um die Durchsetzung ihrer Meinung, sie will eine harmonische Atmosphäre und Gemeinsamkeit herstellen, will mit dem Gesprächspartner ein Thema entwickeln, sich mit ihren Gedanken *und* Gefühlen *und* ihrer persönlichen Erfahrung einbringen.

Das fällt Männern schwer. Ihnen geht es um Dominanz und Konkurrenz in der Eloquenz. Und sie finden sie bei Sachthemen über Politik, Wirtschaft, Recht, Sport. Durch ihre Art von Gesprächsstil reden sie zwar viel, aber sie sagen nichts über sich, über ihre Probleme und Gefühle. Und genau daran ist die Frau interessiert! Im übrigen haben Untersuchungen gezeigt, daß gerade der weibliche Gesprächsstil einen größeren Informationsaustausch fördert, eine angenehmere, entspanntere Atmosphäre erzeugt und dadurch ein größeres Wohlgefühl unter den Gesprächsteilnehmerinnen herstellt, als der sachbezogene logische Diskussionsstil der Männer.

Überlegenheit durch Tatsachenbehauptungen

Sein Rechthaben und vor allem sein Rechtbehalten legitimiert der Mann durch sachliche, scheinbar objektiv gegebene Gründe. Mit Ausnahme weniger Bereiche ist Wirklichkeit aber immer auch eine Sache des Standpunktes. Im Brustton der Überzeugung stellt ein Mann oft seine persönliche Meinung als unumstößliche Tatsache hin. Diese Tatsachenbehauptung verschleiert, daß eine persönliche Ansicht vorgetragen wurde und ist schwer angreifbar.

»Es ist doch so, daß...«, sagen sie und liefern wundersame Argumentationsketten, welche die Richtigkeit und Schlüssigkeit ihrer Gedanken beweisen soll. Logisch einwandfrei – und doch haarscharf an der Realität vorbei. Denn die Wirklichkeit ist nicht logisch, sondern höchst komplex und widersprüchlich.

»Es ist statistisch erwiesen, daß...«, sagen sie und deuten damit an, daß rechnerische Daten die unumstößliche Wirklichkeit repräsentieren. Dabei ist das, was wir für Realität halten, vom Blickwinkel der Betrachter abhängig. Zum Beispiel stelle ich in diesem Buch überwiegend die weibliche Sicht dar und weiß, daß Männer dieselbe Situation anders – eben von ihrer Warte aus – interpretieren würden.

Männern, so erlebe ich das bei Meetings immer wieder, geht es oft *nicht* primär darum, gemeinsam ein Thema voranzubringen, sondern jeder will sich individuell in Szene setzen. Es wird viel Zeit damit verbracht, auf intellektuell hohem Niveau zu diskutieren. Alle legen Wert darauf, sachlich, nüchtern, logisch, ernst und wichtig zu erscheinen...

Frauen deklarieren offener, daß es sich bei ihren Aussagen um persönliche Meinungen handelt. Sie sagen: »Ich denke...«, »Ich fühle...«, »Ich meine...«. Frauen sprechen von sich, von ihrer eigenen, konkreten Lebenserfahrung, über ihre Familie, ihre Arbeit, ihre Gefühle und Ängste und übersehen dabei oft die übergreifenden Zusammenhänge, während Männer Sachthemen bevorzugen, die möglichst wenig mit ihnen selbst zu tun haben. Männer reden gern über die Dinge, über ihre Vorstellungen der Welt, wissen auf diesen Gebieten oft gut Bescheid. Wissen ist Macht.

Überlegenheit durch Herabsetzung
BEISPIEL:
Mittagessen in einem schönen Restaurant. Ein Ehepaar trifft sich mit einem Geschäftspartner. Das Essen schmeckt gut, die Stimmung ist angenehm. Die Dessertkarte wird gereicht. Der Ehemann zu seiner Frau:»Was, einen Nachtisch willst du auch noch essen? Kein Wunder, daß dir deine Kleider nicht mehr passen!« – Schweigen. Mit diesem Satz hat der Mann zielsicher *den* Schwachpunkt seiner Frau getroffen. Sie kann nur mühevoll die Tränen zurückhalten; eigentlich will sie schreien oder davonlaufen, so verletzt fühlt sie sich. Doch sie tut nichts von alledem. Sie schweigt und ist eifrig bemüht, sich ihre Kränkung nicht anmerken zu lassen. Zudem fühlt sie sich vor dem Gschäftspartner zutiefst bloßgestellt. Ihr Mann hat die Chance genutzt, sie in der Öffentlichkeit zu blamieren, wo er sicher ist, daß sie aus Höflichkeit nichts erwidern wird! Er hat sie auf ihre – seiner Ansicht nach zu dicke – Figur angesprochen, fühlt sich ihr überlegen, da er schlank ist. Sie fühlt sich schuldig, daß sie nicht die Traumfigur hat, daß sie nicht der Norm des gängigen Schönheitsideals entspricht. Sie bemerkt zwar, daß ihr Mann ihre Würde angekratzt hat, doch weil sie sich selbst schuldig fühlt, nicht so schön und daher nicht liebenswert zu sein, kann sie im Augenblick nichts erwidern – und schluckt ihre Gefühle runter.

Dabei: Was, zum Teufel, geht ihn ihre Figur an? Wie kann er über sie in der Öffentlichkeit so herabsetzend sprechen? Er hätte wohl gerne, daß sie seinem Bild einer Frau entsprochen hätte, um mit ihr zu glänzen und sich dabei aufwerten zu können. Diesen Gefallen hat sie ihm nicht getan – und so war sein männliches Ego gekränkt, wiewohl er sich andererseits ihr überlegen gefühlt hatte!

Die Frage ist, warum viele Frauen angesichts solcher Herabsetzungen schweigen. Sätze wie: »Das hab' ich dir schon hundert Mal gesagt...« – »Du bist zu dumm, zu dick, zu alt, zu langsam...« – »Denk doch mal logisch!« – »Laß mich das machen, du kannst das nicht!« ... sind Herabsetzungen, die zur Folge haben, daß sich Frauen schuldig fühlen, nicht intelligent, schön, schnell, eloquent genug zu sein. Sie haben gelernt, ihren eigenen Wahrnehmungen, Gefühlen, Gedanken nicht zu trauen, lassen sich von Männern als den traditionellen Wertsetzern leicht davon überzeugen, daß sie in deren Sinn nicht gut genug sind.

Daß Frauen *andere* Zugangsweisen zur Realität haben, das zählt für Männer nicht! Intuition, Gefühle sind suspekt – na klar, Männer haben nicht gelernt, damit umzugehen. So bleibt ihnen nichts anderes übrig als zu sagen: »Nun bleib doch mal sachlich!« Das ist ihre gewohnte Weltauffassung – damit blenden sie alles andere aus und ersparen sich zeitraubende Beziehungsgespräche.

Überlegenheit durch das Erzeugen von Schuldgefühlen

»Worüber beschwerst du dich denn eigentlich? – Du hast doch alles!«

Diesen Satz kennen viele Frauen, und er zeigt das Dilemma des Mannes. Es stimmt ja, daß es vielen Frauen materiell gut geht, daß sie in diesem Sinne tatsächlich alles *haben*. Da Männer oftmals auf Status, Erfolg, Prestige, Geld, Anerkennung fixiert sind – also *haben*fixiert, wollen sie sich nicht auf eine andere Ebene einlassen. Sie wollen, daß die Frauen materiell versorgt sind, es ihnen an nichts mangelt, aber sie wollen partout nichts von sich geben. Sie haben es nicht gelernt. Das macht Frauen unzufrieden. Mit dem Satz: »...Du hast doch alles!« wollen sie Frauen Schuldgefühle einjagen, die dazu dienen, daß die Positionen zurechtgerückt sind, daß Frauen an ihren Status erinnert werden und sich mit dem materiellen Wohlstand, der ihnen ja auch Vergünstigungen und Annehmlichkeiten bringt, aussöhnen und nichts anderes von den Männern erwarten. Männer stellen dadurch auch eine Distanz her und signalisieren damit, daß sie nicht bereit sind, sich mit der Frau und ihren Bedürfnissen auseinanderzusetzen. Sie wollen in Ruhe gelassen werden.

»Sei nicht so egoistisch!«
Mit diesem Satz trifft der Mann einen wesentlichen Kernpunkt weiblicher Sozialisation. Wenn eine Frau diesen Satz hört, stellt sie sich sofort die Fragen: »Bin ich tatsächlich so egoistisch? Kümmere ich mich zu wenig um den Mann und die Familie?« In aller Regel stellt sie dann ihre eigenen Bedürfnisse schuldbewußt zurück. Die alte Ordnung ist wieder hergestellt. Und darum geht es dem Mann. Er will im Grunde nicht, daß die Frau ihren eigenen Interessen nachgeht. Sie soll für ihn da sein!
Die Frage ist: Wieso stellt die Frau den Egoismus des Mannes nicht in Frage, der solch einen Satz äußert?

»Wieso hast du nicht...?«
Ich war neulich mit einem befreundeten Ehepaar beim Abendessen. Für mich war es ein sehr angenehmer Abend. Am nächsten Tag traf ich die Frau in der Stadt. Sie wirkte niedergeschlagen, bedrückt und fragte mich, wie mir denn der Abend gefallen habe. Ich wunderte mich über die Frage, und sie erzählte mir weinend, ihr Mann habe ihr zuhause ewig Vorhaltungen gemacht, wie sie sich daneben benommen hätte. Mir war nichts dergleichen aufgefallen, gar nichts. Und so sagte sie, ihr Mann habe gesagt: »Wieso warst du denn so ruhig? Du hättest uns mehr unterhalten sollen. Wieso hast du dich nicht mehr eingebracht? Wieso hast du dich so zurückgehalten? Wieso hast du die Gelegenheit nicht genutzt, über unsere Beziehung zu reden?«
Tatsache ist, daß *er* von ihr etwas anderes erwartet hatte, daher das Verhalten seiner Frau nicht akzeptieren konnte und ihr durch seine Vorhaltungen Schuldgefühle einreden wollte. Sie war schuld daran, daß der Abend nicht so gelaufen war, wie *er* sich das vorgestellt hatte.

Indem der Mann der Frau Schuldgefühle oktroyieren will, braucht er die Verantwortung für sein Verhalten nicht zu übernehmen, braucht an der Situation nichts zu verändern. Im obigen Beispiel hätte der Mann ja seine Frau mehr in das Gespräch einbeziehen können, wenn er dies tatsächlich gewollt hätte. Und die Frau ist oft bereit, die Beurteilungen des Mannes für sich zu übernehmen, sich schuldig zu fühlen. Warum hinterfragt und kritisiert eine Frau solche Beurteilungen so selten?

Wenn Sätze beginnen wie: »Du bist...« – »Wieso hast du nicht...?« – »Du läßt mich nicht in Ruhe...« – »Ich möchte keinen Streit, aber du...« ... dann sollte die Zuhörerin vorsichtig sein, denn implizit sagt ihr der Mann damit: »Du bist schuld, schuld an meiner Unzufriedenheit. Nun sieh mal zu, wie du das wiedergutmachen kannst.« Meist rechtfertigt die Frau sich dann – und der Mann weist ihr dann erneut die Schuld zu. Natürlich kann die Frau auch dem Mann Schuld zuweisen. Frauen sind auch keine Engel.

Ist dieser Reaktionsmechanismus einmal etabliert, kann er unendlich fortgesetzt werden; hier reagieren beide Partner. Hat sich die Frau zum Beispiel eine Zeitlang verteidigt, greift sie nun an... und der Partner verteidigt sich. Beide wälzen ihre Verantwortung auf den anderen ab, schieben dem Partner die Schuld zu. Beide fühlen sich unfrei, vom anderen unter Druck gesetzt und verschließen sich immer mehr. Das heißt: dieses Spiel ist für beide verletzend und destruktiv. Schematisch sieht das folgendermaßen aus:

Du bist schuld, daß...

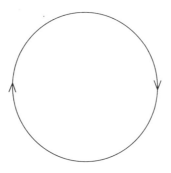

Es tut mir leid, aber ich...

»Ich würde ja gern aufhören, aber mein Partner...«. Damit wird wiederum gewartet, daß der andere sich verändert... und es passiert nichts.

Die einzige Möglichkeit ist: aus dem Spiel aussteigen, die Aufmerksamkeit, die bisher ausschließlich beim Partner lag, auf die eigene Person lenken... auf die eigenen Spannungen, auf die eigenen Gefühle und Kränkungen und anfangen, über die eigenen Bedürfnisse zu reden. Wenn ein Partner aus dem Spiel aussteigt, kann der zweite nicht alleine weiterspielen!

Überlegenheit durch Ablenkung

Sie: »Ich möchte mit dir über unsere Beziehung reden.« – Er: »Ja, später.« – Sie: »Ich möchte jetzt mit dir über unsere Beziehung sprechen.« Er steht auf und holt die Zeitung. – Sie: »Ich habe ein Problem. Ich will mit dir darüber reden.« – Er setzt sich und fängt an, in der Zeitung zu lesen. – Sie: »Interessiert dich unsere Beziehung nicht?« – Er: »Doch, doch. Aber hast du gelesen, daß BMW jetzt in Amerika Autos produzieren will?« – Sie: »Nein. Kannst du nicht...« – Er: Du siehst doch, daß ich lese...« – Sie gibt auf.

Sie ist mit der Beziehung unzufrieden. Sie will daher etwas von *ihm*. Er fühlt sich allein dadurch überlegen. Andererseits ahnt er, daß dies ein Konfliktgespräch werden kann. Ihm ist das unangenehm, er will es nicht, hat nicht den Mut und die Geduld, sich mit seiner Partnerin auseinanderzusetzen – und ignoriert konsequent ihre wiederholten Anläufe, indem er sie zuerst vertröstet, und als sie nicht darauf eingeht, holt er die Zeitung und demonstriert sein Desinteresse. »Nun wird sie doch merken, was los ist«, denkt er. Und als sie immer noch nicht aufgibt, lenkt er sie noch einmal ab und spricht ein Thema an, das sie nun wirklich nicht interessiert. Sie gibt auf und er hat, was er will – seine Ruhe.

Überlegenheit durch Schweigen

Es ist nun mal mühevoll, zum Teil anstrengend, mit dem Partner über die eigenen Gedanken und Gefühle zu reden, sich auszutauschen und mitzuteilen. Es fordert Zeit, Geduld, ein gerüttelt Maß an Bereitschaft zuzuhören und auf den anderen einzugehen. Männern ist das oft zu lästig, müßten sie sich doch mit sich selbst auseinandersetzen, sich und ihre Einstellungen in Frage stellen. Ein probates Mittel, sich die Überlegenheit zu erhalten und sicherzustellen ist daher das Schweigen.

Sie: »Wie war's heute im Büro?« – Er: »Hm.« – Sie: »Bist du sauer?« – Er: »Nein.« – Sie: »Aber irgend etwas ist mit dir doch los...« – Er: »Nein, es ist nichts.«

Jede Frau weiß, daß es mit ihrer Ruhe aus ist, wenn der Mann von der Arbeit nach Hause kommt. Die Anspannung, die er im Beruf aufgebaut hat, bringt er abends mit nach Hause und verbreitet eine Atmosphäre der Unruhe. Frauen wollen ihnen behilflich sein, diese abzubauen, erleben aber eine Abfuhr nach der anderen. Die Frage ist, warum sich Frauen für die Gefühle der Männer verantwortlich fühlen.

Männer haben gelernt, ihre Gefühle schon in der Kindheit weitgehend zu verleugnen und zu verdrängen. Als Erwachsene ist für sie das Preisgeben von Gefühlen mit vermeintlicher Schwäche verbunden. Sie wollen niemanden mit ihren Problemen und Sorgen belasten, niemandem etwas Privates, Persönliches anvertrauen, schweigen daher mannhaft und wollen das Bild dessen, der wie ein Fels in der Brandung steht, aufrechterhalten. Lieber leiden sie stumm vor sich hin. Wenn Frau und Kinder dennoch mit dem Mann reden wollen, macht er ihnen durch Einsilbigkeit unmißverständlich klar, daß sie ihn in Ruhe lassen sollen.

Für einen Mann ist die Zuwendung der Frau dermaßen selbstverständlich, daß er sie nicht zu schätzen weiß und es demzufolge nicht nötig hat, auf sie einzugehen. Wehe aber, eine Frau würde ihn nicht fragen, wie es ihm geht, dann würde sie sich nicht genug um ihn kümmern! Sein Schweigen beinhaltet die Verweigerung, von sich etwas zu zeigen, sich verletzlich zu machen. Durch seine Zurückhaltung und Beherrschung behält er die Kontrolle über sich und die Frau, die er abweist. Er läßt sich nicht helfen – selbst ist der Mann!

Überlegenheit durch übertriebene Fürsorge
Er: »Liebling, ruh' dich aus, du hattest einen schweren Tag.« – Sie: »Ja.« – Er: »Darf ich dir einen Tee kochen? Oder möchtest du ein Glas Wein?« – Sie: »Nein, danke. Im Moment will ich nichts.« – Er: »Soll ich dir vielleicht den Rücken massieren? Du siehst so verspannt aus.« – »Sie: »Nein, danke. Ich will nur ausruhen.« – Er: »Möchtest du eine Entspannungsmusik hören?« – Sie: »Nein, ich will nur ausruhen. Sonst nichts.« – Er: »Was hast du denn? Bist du nervös? – Kann ich sonst was für dich tun?« – Sie: »Nein.«

Hier übernimmt der Mann eine Rolle, die sonst frauentypisch ist. Zunächst denkt bei solch einem Mann jede Frau: »Ach, endlich ein Mann, der auf mich eingeht, bei dem ich der Mittelpunkt bin und nicht umgekehrt.« Anfänglich genießt die Frau diese ungewohnte Aufmerksamkeit. Doch ganz allmählich spürt sie, daß sie ärgerlich und zunehmend abweisend wird und wundert sich über diese Gefühle. Sie merkt, daß etwas nicht stimmig ist – und kann es nicht verstehen. Da ist ein Mann nett zu ihr – und sie wird sauer! Das kann doch nicht sein! Aber es ist so. Sie kann ihren Ärger auf den Mann allmählich nicht mehr negieren.

Natürlich ist es schön für eine Frau, wenn ein Mann ihr entgegenkommt, aber wenn es einseitig ist, fühlt sie sich infantilisiert. Sie wird in seiner Gegenwart kleiner als sie ist. Sie wird zunehmend passiv, weil er alles für sie arrangiert und ärgert sich über seine ständigen Annäherungsversuche, sein konstantes Bedürfnis nach Nähe, fühlt sich von ihm erdrückt und manipuliert.

Er glaubt, durch seine permanente Zuwendung ihre Zuneigung und Liebe zu sichern. Zudem lenkt er durch das ständige Entgegenkommen von sich ab. Das bedeutet, daß dies *keine* gleichwertige Partnerschaft ist.

Durch seine übertriebene Zuwendung übernimmt er die Kontrolle über ihr Leben, was sie verärgert. Sie muß ihn stoppen, wenn sie ihr Selbstwertgefühl erhalten und Achtung vor ihm behalten will. Und er muß lernen, daß sie sich nicht von ihm trennt, wenn er nicht immer auf sie eingeht.

Überlegenheit durch Mimik und Gestik

Selbst dort spiegeln sich die unterschiedlichen Positionen von Frau und Mann.

Ein Mann hat eine gerade Haltung. Er kommt dynamisch und entschieden daher. Dabei muß er meist ernst aussehen, den Blick forsch nach vorne aufs imaginäre Ziel gerichtet. Die Mimik hat er unter Kontrolle – das Gesicht soll ja keine Schwäche verraten, denn die könnte ausgenutzt werden! Es darf auch keine Freude nach einem gelungenen Geschäftsabschluß, der einem errungenen Sieg gleichkommt, gezeigt werden. Ein ganzer Mann ist einer, der unberührbar, unverletzlich aussieht und Raum einnimmt! Selbst wenn er einmal nachgibt, dann hat das strategische Gründe. Das präsentierte Gesamtarrangement strahlt eine sichere Überlegenheit aus, lernt er spätestens im Rhetorikkurs. Keine Schwäche, kein Zweifel, kein Zögern!

Lächeln, nein, das darf er nicht, denn das »Lächeln ist eher das Entgegenkommen eines Unterlegenen, nicht eines Höhergestellten«, sagt Erving Goffman, der eine interessante Untersuchung über das Geschlechtsrollenverhältnis, dargestellt am Beispiel der Werbung, gemacht hat. Lächeln dient danach der Beschwichtigung, und zeigt, daß der/die Betreffende »nichts Böses beabsichtigt oder gewärtigt, daß er/sie die Handlungen eines anderen versteht und akzeptiert, ja, daß er den anderen billigt und akzeptiert.« Lächeln ist was für Frauen, – sie zeigen dem Mann, daß sie ihn akzeptieren, zu ihm aufblicken, ihn unterstützen, von ihm anerkannt werden wollen, und er nimmt dies als selbstverständliche Dienstleistung in Anspruch.

Wenn eine Frau sich mit einem Mann unterhält, so fällt die Körperhaltung beider auf. Meist ist es so, daß sich die Frau ihm zuwendet, sich etwas vorbeugt, um ihm näher zu sein, während er sich neutral verhält. Das heißt, sie geht auf ihn ein, während er sich zurückhält. Körperliche Größe wird seit jeher mit männlicher Kraft und physischer Überlegenheit gleichgesetzt. Wenn dann auch noch die Arme in die Taille gestemmt werden, der Nacken nach vorne geschoben und ein grimmiger Blick aufgesetzt wird, wenn er viel Raum einnimmt, dann weiß jeder: »Achtung, Vorsicht. Nicht reizen, sonst zeigt er, wer der Stärkere ist.«

In der Werbung ist immer der Mann größer, breitschultrig, ist etwas älter als die Frau, nimmt mehr Raum ein, steht im Mittelpunkt, während sie zu ihm aufblickt und ihm zulächelt, was die Dominanz und den Rang des Mannes unterstreicht. Er legt seine Hand um ihre Schulter, nicht umgekehrt. Er umfaßt ihre Taille, so zeigen selbst liebevolle Gesten zwischen Frau und Mann »stets das Verhältnis von einem Beschützer und einer Beschützten, dem Umarmenden und der Umarmten ... und es wird ganz natürlich angesehen, daß der Mann umfängt und die Frau sich umfangen läßt.«

Die Herrschaft des Mannes über die Frau zeigt sich in subtilen Gesten und Körperhaltungen, »eine Herrschaft, die sich bis in die zärtlichsten und liebevollsten Momente erstreckt, offenbar ohne Spannungen zu erzeugen«, schreibt Goffman, selbst diese Momente »können wir uns gar nicht frei von Asymmetrien vorstellen.« Wir haben diese mimischen und gestischen Ausdrucksweisen so verinnerlicht, daß sie uns kaum mehr auffallen.

ZUSAMMENFASSUNG:
Solange Frauen sich in Gesprächen zurücknehmen, überlassen sie den Männern den Glauben an deren Vorrangigkeit. Zudem werden Männer nicht mit der weiblichen Art zu reden konfrontiert, müssen also nichts dazulernen! Mir ging es hier darum zu sagen, daß Frauen und Männer einen unterschiedlichen Gesprächsstil haben; Frauen geht es mehr um die Herstellung von Beziehungen und um Gemeinsamkeit, um den Austausch von Gefühlen, Männern um sachlich-logische Berichtsprache, um Status, um Konkurrenz. Das ist die Ebene, die *Deborah Tannen* in ihrem Buch *Du kannst mich einfach nicht verstehen!* herausgearbeitet hat.

Die andere Ebene ist die der Machtverhältnisse, die für das Gelingen oder Mißlingen eines Gespräches mindestens ebenso wichtig ist. Ich habe exemplarisch dargestellt, wie innerhalb eines Gesprächs zwischen Frau und Mann Machtverhältnisse hergestellt werden. Für Frauen ist es wichtig, Strukturen und Machtverhältnisse, die sich in verschiedenen Gesprächen wiederholen, zu erkennen, zu verstehen, um nicht mehr unbewußt in dieselbe Falle zu tappen und sich hinterher unwohl zu fühlen.

Fragen Sie sich immer wieder:
Wer beginnt ein Gespräch?
Wer hält die Kommunikation aufrecht?
Wer geht nonverbal auf wen zu?
Wer bringt ein brisantes Thema auf den Tisch?
Wer lenkt plötzlich vom Thema ab?
Wer beendet ein Gespräch?
Werden Gefühle und Empfindungen ausgetauscht?
Ist das Gespräch eher hierarchisch oder auf Gleichwertigkeit angelegt?
Wieviel Zeit nehmen Sie sich für ein Beziehungsthema?

Meines Erachtens sind Frauen viel zu höflich, achten sehr darauf, den Mann zu schonen und Rücksicht auf ihn zu nehmen. Die Frage ist, warum sie das tun.

Es ist Zeit, daß Frauen sich den Freiraum nehmen, ihre eigenen Meinungen und Vorstellungen zu äußern, den Männern damit Grenzen setzen und sie in die Schranken weisen. Frauen sind nicht dazu da, ihre ganze Energie für den Mann einzusetzen, sie brauchen jetzt ihre innere Kraft, ihr eigenes Leben zu gestalten!

Was steckt hinter dem männlichen Überlegenheitsgefühl?

Das Bild seiner Stärke soll Sicherheit und Kontrolle in einer Welt von Chaos geben. Einerseits soll der Mann das Chaos der Wirklichkeit in Griff bekommen, Struktur in die unüberschaubare Vielfalt bringen, Ordnung schaffen, die Frau beschützen und »retten«, andererseits geht es dem Mann auch darum, daß er durch seine zur Schau gestellte Stärke und Entschlossenheit sein eigenes inneres Chaos der Gefühle beherrscht. Indem er von klein auf lernt, daß Gefühle bei ihm unerwünscht sind und nur stören, verbannt er sie weitgehend. Und so unterdrückt und verdrängt er seine Schmerzen, seine Hilflosigkeit, seine Ohnmacht, seine Verletztheit, Trauer, seine Kleinheitsgefühle angesichts der erwachsenen Übermacht, aber auch seine Freude, seine Begeisterungsfähigkeit und Verspieltheit, seine Bedürfnisse nach Liebe und Zärtlichkeit und arbeitet angestrengt an dem Aufbau seines Image von Überlegenheit und Heldentum mit. Bis er selbst fast daran glaubt. Ich schreibe *fast*, denn das Erleben eines jeden Menschen, auch des Mannes, ist mit Ängsten, Niederlagen, Desillusionierungen durchsetzt. Doch die blendet er weitgehend aus seiner Welt aus. Auch wenn er erkennt, daß die Wirklichkeit anders ist als sein Image, hält er an dem Ideal der Männlichkeit fest.

Alle Ideale haben, wenn sie nicht reflektiert werden, etwas Starres, Totes an sich, können niemals eingehalten werden und vermitteln auf einer subtilen Ebene demjenigen, der sich daran festhält, daß er es nicht geschafft hat, daß er weiter an sich arbeiten muß *und* daß er letztlich nicht in Ordnung ist, so wie er jetzt ist. Das Ideal treibt ihn somit weiter zur

Größe an. Es verpflichtet ihn zu vermehrter Anstrengung und Leistung, um der drohenden Hilflosigkeit zu entgehen. *Arno Gruen* schreibt über den Mann:»Sogar, wenn er Heldentum für sich selbst nicht möglich hält, bleibt es immer noch sein Wertmaßstab. Seine Selbstachtung ruht demnach auf dem Image seiner Wichtigkeit (also wirklicher oder auch nur eingebildeter Macht), für deren Bestätigung er Bewunderung braucht. Und dazu dient ihm die Abstraktion der Frau, die in ihrer behaupteten»Minderwertigkeit« oder zumindest»Unterlegenheit« die Chance erhält, durch die Anerkennung seiner»Kraft« und»Überlegenheit« dieses Image aufzubauen und zu stabilisieren.«

Der männliche Ausweg aus der Angst heißt: Macht über andere!

Das bedeutet, daß der Mann die Frau zur Aufrechterhaltung seiner vermeintlichen Überlegenheit braucht. Dem männlichen Überlegenheitsgefühl entspricht das weibliche Unterlegenheits- beziehungsweise Minderwertigkeitsgefühl. Der Mann projiziert seine Schwäche auf die Frau und bekämpft in ihr die Gefühle, die er bei sich nicht zulassen darf. Das heißt, wenn er ihre Gefühle nicht ernst nimmt, sie abwertet, dann deshalb, weil er sie bei sich negiert. Er bekämpft in der Frau seine eigene Verletzlichkeit, die er bei sich nicht wahrnehmen darf, und sichert so seine fiktive Größe. Solange sie kleiner ist als er, bleibt er groß. Solange sie ihn bewundert und idealisiert, spielt sie sein Spiel der Größe und Überlegenheit mit.

Wenn Arno Gruen von der»Abstraktion der Frau« schreibt, dann deshalb, weil sich der Mann abstrakte Vorstellungen von einer Frau macht. Er zimmert sich Bilder davon, wie eine Frau ist. Es geht ihm dabei nicht um die reale, konkrete Frau mit all ihren Fähigkeiten, Stärken, Schwächen, Vorlieben, sondern um seine Vorstellung von ihr. Der Mann braucht die Frau zur Bewunderung und Stabilisierung, und das wird dann Liebe genannt! Dabei handelt es sich um eine Zweckbeziehung zur Stützung und Aufrechterhaltung seines

Image. Dafür steht sie dann unter seinem Schutz. Der Deal scheint perfekt, ist es aber nicht. Einerseits schmeichelt es ihm, da sie ihm huldigt, andererseits verpflichtet sie ihn weiterhin auf seine Rolle der Stärke, das heißt auf sein Ideal. Die Frau hat somit einen wesentlichen Anteil daran, daß Männer so sind, wie sie sind.

Das Übel ist, daß Mann und Frau auf diese Weise gemeinsam dafür sorgen, daß sich in der Beziehung wenig ändert. Beide legen sich auf ihr gegenseitiges Image fest und achten darauf, daß es eingehalten wird. Beide klammern einen Teil der Wirklichkeit aus – sie ihre Stärken, ihre eigene Meinung, er seine Gefühle. Dadurch, daß der Mann im Sinne der herkömmlichen Konventionen keine Gefühle zeigen darf, muß er sie zurückhalten und alleine damit fertig werden. Das ist auf Dauer sehr anstrengend. Auch paßt es nicht ins Bild seiner Überlegenheit, daß er müde, schwach oder gar krank ist. So trimmt er seinen Körper in der Freizeit, stählt seine Muskeln, um fit und dynamisch auszusehen nach dem Motto: »In einem gesunden Körper kann nur ein gesunder Geist stecken.«

Er merkt dabei nicht, daß er seinen Körper dem Leistungssystem unterworfen und verdinglicht hat. Auf der Jagd nach Erfolg, Geld, Status, Macht mobilisiert er sämtliche Reserven, er strebt vorwärts, vorwärts, vorwärts, höher, will schneller und besser als die anderen Männer sein, ordnet sich diesen Maßstäben unter und vergewaltigt das kleine Kind in sich, das sich nach Entspannung, Ruhe, Spaß und Liebe sehnt, das sich endlich wieder ganz ausdrücken will! Der Mann aber setzt auf Bewunderung und Anerkennung von außen und realisiert oft erst, wenn er krank wird, daß und wie einseitig er gelebt hat.

Durch das nach außen Ausgerichtetsein hatte er vergessen, nach innen zu schauen. Durch sein Kranksein hat er nun die Gelegenheit, sich seiner Gebrechlichkeit, Schwäche, Vergänglichkeit, Leiden und inneren Leere zu stellen. Nun hat er Zeit, sich seiner Abhängigkeit von Leistung und Arbeit, von Bewunderung und von der Frau, die ihn stützt, bewußt zu werden. Bisher hatte er ja diese Abhängigkeit gut hinter der Fassade der Unabhängigkeit versteckt gehabt.

Nun hat er die Chance, sich mit seiner Hilflosigkeit zu konfrontieren, wobei Hilflosigkeit ja nichts anderes heißt als die eigenen Grenzen zu erkennen und zu akzeptieren, daß es so ist, wie es gerade ist. Das bedeutet einzusehen *und* anzunehmen, daß die eigene Wirkungsmöglichkeit beschränkt ist, daß man auf andere Menschen angewiesen ist und daß diese Macht über andere letztlich nur eine Krücke für das eigene, mangelnde Selbstwertgefühl war. Wenn Stärke zum Maßstab der Selbstachtung wird, muß Hilflosigkeit was Schreckliches sein.

Da der Mann diesen wesentlichen Teil der Wirklichkeit, seine Gefühle, bei sich und anderen Menschen weitgehend ignoriert und unterdrückt, leidet er unter Realitätsverzerrung, glaubt aber durch seine logisch-sachliche Sicht der Dinge, im Alleinbesitz der Wirklichkeit zu sein, sieht sich als überlegene Krone der Schöpfung, der es zusteht, die Ansichten der Frauen milde zu belächeln und abzuwerten. Im geschlechts-spezifischen männlichen Überheblichkeitsdenken gibt es nur *eine* gültige Realität: die männliche! Wer die Macht hat, hat das Sagen, weiß, was Sache ist.

Dadurch erspart sich der Mann die Auseinandersetzung mit sich, er braucht sich selbst nicht in Frage zu stellen, ebensowenig seine Werte, Ziele, sein Tun und seine Werke; er erspart sich langwierige Auseinandersetzungen mit Frauen, stellt Distanz her und zeigt dadurch letztlich, daß er weder sich, noch die Frauen als Menschen ernst nimmt und akzeptiert. Männer können noch so oft sagen: »Aber, ich bin doch für Gleichberechtigung.« Ja, verbal sind sie dafür, sie vergessen, daß sich ihre Art zu denken auch im Verhalten niederschlägt. Da sie gelernt haben, Frauen *nicht* als ebenbürtig anzusehen, sind Schwierigkeiten in Beziehungen vorprogrammiert...

Der Holzweg männlicher Ideologie

Auf der wirtschaftlichen, politischen, ökologischen, technologischen Ebene erleben wir seit Jahren die Brüchigkeit der von Männern entwickelten und von Frauen mitgetragenen Fortschrittsideologien, die einst unter dem Motto standen:»Sicherheit und Wohlstand durch Technik und Wissenschaft.« Auf diesen Gebieten ist vieles erreicht worden, was uns das Leben angenehmer und bequemer macht. Doch nun fügt das Gewinnstreben, verquickt mit der Fortschrittsideologie der Umwelt einen erheblichen Schaden zu und zeigt deutlich, daß die männliche Vernunft nicht unfehlbar ist. Aber anstatt zu handeln, werden erst mal Untersuchungen über das jeweilige Gebiet vorgenommen, Berichte verfaßt, ja und dann... sind inzwischen Jahre ins Land gezogen, es sind weiterhin Gewinne auf Kosten der Natur gemacht worden.

Der Holzweg der männlichen Fortschrittsideologie zeigt sich an den immer offensichtlicher werdenden schädlichen Folgeerscheinungen der Industrialisierung und Technisierung.

Vordenker in der Wirtschaft haben erkannt, daß das bisherige Weltbild mit dem strikten Ursache-Wirkungsdenken und seinem Glauben an Analyse und Logik reduziert ist und uns in der gegenwärtigen Situation nicht unbedingt weiterhilft. In Managertrainings- und Selbsterfahrungsgruppen geht es seit langem um das Zulassen von Gefühlen, um die Entwicklung zur Kooperation und die Fähigkeit zur Selbstverantwortung.

Ich erlebe in den Trainings sehr unterschiedliche Männer, die die Festlegung auf traditionelle Werte auch als Belastung erleben oder aber sich überlegen, wie sie mehr Zeit mit ihrer Familie verbringen können, ob ihnen der Preis für die Karriere nicht zu hoch ist, was sie aktiv tun können, damit ihre Ehe wieder besser klappt. Männer, die impotent sind und den Zusammenhang zur Arbeitsüberlastung erkennen, Männer, die sich von ihrer Rolle überfordert fühlen und nach konstruktiven Alternativen suchen.

Aber es gibt auch andere. Ein Manager sagte mir letztes Jahr voller Stolz: »Du kannst die eigene Leistungsgrenze immer wieder ein Stück nach oben schieben. Jeder kann über seine Grenzen dauerhaft hinausgehen.« Er wollte sehen, wieviel er »aus seinem Körper noch rausholen konnte«. Er glaubte, ihm stünden unendliche Leistungsreserven zur Verfügung. Der Herr ist dieses Jahr in Rente gegangen. Er hatte einen Herzinfarkt.

Das anerzogene Minder-
wertigkeitsgefühl der Frau

Dem anerzogenen Überlegenheitsgefühl des Mannes steht das Minderwertigkeitsgefühl der Frau gegenüber. Hierzu möchte ich Ihnen zunächst eine Übung vorschlagen:

ÜBUNG:

Nehmen Sie sich für diese Übung etwa 30 Minuten Zeit und sorgen Sie dafür, daß Sie während dieser Zeit ungestört sind.
– Legen Sie sich auf Ihr Bett oder auf den Boden, so daß Sie sich wohlfühlen und atmen dreimal tief aus. Beobachten Sie, wie sich Ihr Körper nach und nach entspannt. Lassen Sie allmählich in Ihrer Vorstellung Bilder aus Ihrer Kindheit auftauchen:
Wie sah die Wohnung aus, in der Sie gewohnt haben? Welche Personen waren da?
Wie haben Sie im Alter von etwa vier bis fünf Jahren ausgesehen? Erinnern Sie sich an ein bestimmtes Kleidungsstück, das Sie gerne getragen haben?
Wie hat Ihre Mutter ausgesehen? Was hat Ihre Mutter zu Ihnen gesagt, wenn Sie etwas falsch gemacht hatten? Für welches Verhalten wurden Sie gelobt?

Stellen Sie sich ganze Szenen vor und erinnern sich an die Sätze, die sie zu Ihnen immer wieder gesagt hat und schreiben Sie diese Sätze auf.
Bei einer zweiten Übung stellen Sie sich Ihren Vater vor. Wie hat er ausgesehen? Wie hat er mit Ihnen gesprochen und gespielt? Auf welche Weise hat er seine Liebe ausgedrückt? Welche Sätze hat er wiederholt zu Ihnen gesagt, wofür und wie hat er sie gelobt? Schreiben Sie auch diese Sätze auf und heben Sie sich dieses Blatt Papier auf.

Erziehung zur Weiblichkeit

»Buben weinen nicht« und »Mädchen sind von Natur aus ruhiger und braver«, höre ich nach wie vor.

Mädchen und Jungen entwickeln aufgrund der unterschiedlichen Erziehungspraxis verschiedene Stärken und Schwächen, die dann oft mit natürlichen, wesensmäßigen, quasi biologischen Eigenschaften der Geschlechter verwechselt und als deren besondere Eigenarten verkauft werden.

Tatsache ist, daß jede Gesellschaft durch die spezifische Erziehung der Kinder, eine geschlechtsspezifische anerzogene Einseitigkeit und Beschränktheit hervorbringt:

Jungen lernen, daß sie aufgrund ihrer Geschlechtszugehörigkeit zum überlegenen Teil der Menschheit gehören, Mädchen lernen, daß sie zweitrangig und somit minderwertig sind.

Ich beschreibe nun einige den Mädchen zugeschriebene Verhaltensweisen, wie sie in unserer Gesellschaft immer noch als typisch gelten und beschreibe danach, wie sich diese Verhaltensweisen im Privat- und im Arbeitsleben auswirken, um zu verdeutlichen, wie sehr erwachsene Frauen durch ihre besondere Erziehung zur Weiblichkeit geprägt sind – welche Stärken, aber auch welche Schwächen sie dadurch tendenziell entwickelt haben. Ich beschreibe hier typische Denk- und Verhaltensweisen von Frauen. Gerade in den letzten Jahren haben sich Frauen erheblich weiterentwickelt, so daß immer mehr Frauen ihren eigenen, individuellen Weg gehen und sich ganz erheblich von Weiblichkeitsstereotypen abweichen.

Dennoch: Mädchen hören in ihrer Erziehung von Eltern und Lehrern wiederholt geschlechtsspezifische Sätze, die das Wahrnehmen, Denken, Fühlen und Handeln von Mädchen nachhaltig beeinflussen und damit eine weibliche Wirklichkeit herstellen.

Das Mädchen – ein geschlechtsloses Neutrum?

Während ich tiefer in die Thematik der weiblichen Erziehung eingestiegen bin, fiel mir folgendes deutlich auf: Grammatikalisch heißt es: Der Junge – der Mann. Abgesehen von den unterschiedlichen Hauptwörtern, bleibt der entsprechende Artikel, das entsprechende Fürwort in beiden Fällen dasselbe, es ist beim Jungen und beim Mann *männlich*. Beim Mädchen hingegen heißt es: *Das* Mädchen – die Frau. Dem weiblichen Kind, dem Mädchen wird der sächliche Artikel *das* und entsprechend das sächliche Fürwort *es* zugemutet. Damit wird das Mädchen sprachlich als geschlechtsloses Neutrum, als Sache, als Ding, bezeichnet. Dinge kann man benutzen, sie nach Belieben hervorholen und wieder wegstellen. Sachen stehen mir zur Verfügung. – Ich kann und will ein Mädchen nicht mit einer Sache gleichsetzen. Daher werde ich, wenn ich über die Entwicklung des Mädchens schreibe, grammatikwidrig das Fürwort *sie* verwenden.

»Hilf mir...«

Diesen Satz kennt jede Frau aus ihrer Kindheit.

»Hilf mir beim Abtrocknen«, »hilf mir beim Aufräumen«, »hilf mir beim Einkaufen«, »hilf deinem kleinen Bruder«, »hilf doch der Oma!« hört das kleine Mädchen überwiegend von der Mutter und erfährt, daß es für ein Mädchen bedeutsam ist, anderen Menschen zu helfen, diese zu unterstützen, ihnen Gutes zu tun; dafür wird sie von den Eltern, Großeltern, Lehrerinnen, den Nachbarn gelobt und anerkannt. Durch das Helfen erlebt sie, daß sie etwas richtig macht und daß die anderen sich darüber freuen. So lernt das Mädchen scheinbar ganz von selbst, sich um andere zu kümmern, sich auf deren Wünsche einzustellen und diese zu erfüllen. »Helfen« heißt für das Mädchen »Lieben« und »Geliebtwerden«.

Hat sie diese wesentliche Lektion in der spezifischen Erziehung zur Weiblichkeit erst einmal verinnerlicht, dann möchte das Mädchen *von sich aus* anderen eine Freude machen, sie trösten, aufmuntern, ermutigen, aufheitern. Sie schenkt den anderen Zuwendung, Aufmerksamkeit und fühlt sich dadurch ernst genommen, gebraucht, geliebt und zeigt anderen Menschen dadurch ihre Liebe.

Wenn der Vater abends von der Arbeit nach Hause kommt, so schaut das Mädchen ihn an und fühlt intuitiv, welches Verhalten nun richtig ist – ob er in Ruhe gelassen werden will, oder ob sie auf ihn zurennen und ihn umarmen kann. Wie früh diese Haltung gelernt und als selbstverständlich übernommen worden ist, zeigt folgendes BEISPIEL: Es hat in der Schule zur großen Pause geklingelt. Die Kinder der zweiten Klasse Volksschule stürmen aus dem Klassenzimmer zur Garderobe. Ein Junge schreit auf: »Ich finde meinen zweiten Schuh nicht.« Sofort schauen mehrere Mädchen zu diesem Jungen und helfen ihm beim Suchen. Was heißt das?

Mädchen lernen tatsächlich sehr früh, daß sie für andere da zu sein haben.

Sie lernen, die Bedürfnisse anderer Menschen wichtiger zu nehmen als ihre eigenen und entwickeln ein sehr feines Gespür dafür, wie es anderen Menschen geht, wie sie deren Mienen wieder aufhellen, sie erfreuen können und gewinnen daraus Bestätigung.

Mädchen haben sich bereits in jungen Jahren intuitive und soziale Fähigkeiten angeeignet. Zu fühlen, wie es anderen geht, ihnen zu helfen, wird für sie selbstverständlich. Sie erleben sich dadurch als wertvoll, bekommen Vertrauen in diese weiblichen Fähigkeiten und werden von anderen für diese Verhaltensweisen gelobt und bestätigt.

Einen großen Teil ihrer Identität beziehen sie dann auch als erwachsene Frauen daraus, daß sie sich auf andere Menschen einstellen und dafür sorgen, daß es diesen emotional gutgeht. Sätze wie: »Was kann ich ihm noch Gutes tun?« – »Wie kann ich X erfreuen?« – »Womit kann ich X jetzt helfen?« – »Wie kann ich X wieder zum Lachen bringen?« – »Wie kann ich X trösten und unterstützen?« – »Was hat er wohl, er schaut so niedergeschlagen aus?« drücken die weibliche Einfühlsamkeit und die Orientierung an anderen Menschen aus.

Dahinter steckt auch, daß sich Frauen durch das Gebrauchtwerden, das Helfen und Unterstützen definieren. Es gehörte und gehört noch zu der Paraderolle der Frau, für alle dazusein: Die Bedürfnisse ihrer Lieben zu erkennen und zu erfüllen, innerhalb der Familie für eine warme, herzliche Atmosphäre, für ein emotional ausgeglichenes Klima zu sorgen. Sie war und ist die veranwortliche Gefühlstherapeutin für Mann und Kinder und wird oft genug als deren »seelischer Müllabladeplatz« benutzt.

BEISPIEL:
Ingrid, 38, verheiratet mit Jochen, einem leitenden Angestellten, zwei Kinder im Alter von neun und zwölf. Sie wohnen im eigenen Haus mit großem Garten.
»Ich will mich ja nicht beklagen, aber meine Familie fordert mich doch sehr. Ich verbringe den ganzen Tag damit, indem ich für meinen Mann und die Kinder da bin. Es fängt schon morgens an. Ich mache das Frühstück, fahre dann die Kinder zum Schulbus, kaufe ein, komme nach Hause. Dann räume ich die Wohnung auf, koche, hole die Kinder vom Schulbus ab. Nach dem Essen hilft mir meine Tochter beim Abspülen, dann fahre ich sie zum Sport, später hole ich sie wieder ab. Danach kontrolliere ich die Hausaufgaben, arbeite etwas im Garten, bereite das Abendessen vor... Ich habe das Gefühl, daß ich nur für die anderen da bin. Und die sind schlechter Laune, unterstützen mich nicht. Mein Mann sagt höchstens: ›Du machst dir zu viel Arbeit. Entspanne dich.‹ Ich werde sauer, weil ich wenigstens von ihm erwarte, daß er meine Arbeit anerkennt!«
Ingrid ist das emotionale Zentrum der Familie, sie will, daß sich alle im Haus wohlfühlen, zufrieden sind und ist allein für die Sauberkeit und Behaglichkeit im Haus verantwortlich. Sie will dem klassischen Bild einer »selbst-losen, guten Mutter« entsprechen, der die Bedürfnisse der Familie wichtiger sind als ihre eigenen und kümmert sich daher vornehmlich um die anderen.
Was sie dennoch ärgert ist, daß Mann und Kinder ihre

täglichen Anstrengungen und Bemühungen nicht genug würdigen, sondern ihre Dienstleistung selbstverständlich beanspruchen. Kein Wunder, es ist ja auch für den Rest der Familie bequem, wenn Mutter alles für sie erledigt und sie nichts aktiv dazu beitragen müssen. Das heißt, der Rest der Familie verhält sich wie nimmersatte Kinder, die immer mehr Anforderungen an sie stellen, denen sie dann pflichtschuldig nachkommen will. Ihr Ärger zeigt ihr, daß sie doch nicht so bedingungslos hilfsbereit ist, wie sie vorgibt zu sein. Sie möchte für ihre Hilfsbereitschaft und ihre scheinbar selbstlose Aufopferung anerkannt werden! Sie versteht nicht, wieso Mann und Kinder nicht so reagieren, wie sie es erwartet, fühlt sie sich doch in ihre Familie ein und erfüllt deren Wünsche, so gut sie kann.

Sie erkennt nicht, daß sich die Situation seit ihrer Kindheit grundlegend geändert hat: Als Kind hat sie gelernt, daß sie andere Menschen wichtiger nehmen muß als sich selbst und daß sie für ihre Hilfsbereitschaft von den Erwachsenen Zuwendung bekommen hat; nun will sie als erwachsene Frau für ihre Hilfsbereitschaft genauso gelobt werden wie als Kind! Sie spielt auf dieser Ebene weiterhin das kleine Mädchen, doch die Familie macht nicht mit. Im Gegenteil! Sie ärgert sich, weil sie sich um ihre Anerkennung und positive Zuwendung betrogen und von der Familie ausgenutzt fühlt. »Ich tue doch alles für sie, und was ist der Dank?« fragt sie. Sie überfordert sich permanent, anstatt die Aufgaben innerhalb der Familie zu verteilen und Zeit für sich zu gewinnen. Sie leidet demonstrativ, ohne aktiv etwas dagegen zu unternehmen. Sie lebt für und durch die Familie, braucht Menschen, denen sie helfen kann, um für sich das Gefühl der Existenzberechtigung zu bekommen.

Dabei hat sie gerade jetzt eine Riesenchance: Ihr Ärger hat eine durchaus konstruktive Funktion. Er weist auf ihre unterdrückten Bedürfnisse nach *Eigenleben* hin.

Sie kann jetzt lernen, daß sie das *Recht* auf Eigenleben hat; dazu muß sie bewußt ihre eigenen Bedürfnisse erst einmal wahrnehmen und akzeptieren. Sie kann lernen, sich von anderen abzugrenzen, so daß sie überhaupt erst als eigenständige Person innerhalb der Familie wahrgenommen wird. Indem sie anderen Grenzen setzt, zeigt sie, daß »man mit ihr nicht alles machen kann«, gewinnt dadurch ihre Selbstachtung zurück und wird von anderen wieder respektiert.

Warum es Ingrid so schwerfällt, ihre unbefriedigende Situation zu verändern, hängt wesentlich mit anderen Punkten ihrer Weiblichkeitserziehung zusammen, die ich später beschreiben werde. Wie sich die Erziehung zu Hilfsbereitschaft auswirkt, soll hier stichwortartig zusammengefaßt werden:

Stärken der Art von Erziehung zu Hilfsbereitschaft:

- Erwerben und Entwickeln von Intuition, Liebe, Einfühlungsvermögen
- Soziales Engagement und Teamfähigkeit
- Fürsorglichkeit, situatives, gefühlsmäßiges Erkennen und Verstehen von Nöten anderer Menschen und spontane Hilfeleistung
- Zurücknehmenkönnen eigener Bedürfnisse zugunsten anderer Menschen. Fähigkeiten wie Trost spenden, ermutigen, mitleiden, bemuttern gehören ebenfalls hierzu, ebenso wie pflegen, hegen, aufbauen.

Diese weiblichen Fähigkeiten befriedigen die elementarsten Bedürfnisse eines jeden Menschen. Sie sind daher von unschätzbarer, existentieller Bedeutung. Ein Säugling, der ohne liebevolle Zuwendung und empathisches Einfühlungsvermögen der Mutter aufwächst, stirbt binnen kurzer Zeit.

Schwächen der Erziehung zu Hilfsbereitschaft:

- Nichternstnehmen und Unterdrücken der eigenen Bedürfnisse, Interessen und Wünsche – Unzufriedenheit, Frustration
- Überanpassung
- Second-Hand-Leben und dadurch verstärkte Abhängigkeit von anderen Menschen
- Bemühen, andere nicht zu verletzen und damit Gefahr, sich ausnutzen zu lassen

- Neigung, sich arbeitsmäßig zu überlasten, um anderen entgegenzukommen und diese zufriedenzustellen
- Mißachtung und Unterdrücken der Eigenständigkeit anderer Menschen, weil sie ihre Identität aus dem Gebrauchtwerden und der Fürsorge bezieht.

»Ich bekomme solche Schuldgefühle, wenn ich etwas für mich tue«, berichten Frauen immer wieder. »Vor lauter schlechtem Gewissen gebe ich dann doch nach und mach' wieder im gewohnten Trott weiter.« Daran ist zu sehen, wie stark Frauen davon geprägt sind, für die Bedürfnisse anderer Menschen dazusein. Sie halten es bereits für verwerflich und schlecht, wenn sie mal ausschließlich etwas für ihr eigenes Wohl tun. Dabei ist es für jede Frau wichtig, sich zurückzuziehen, etwas für sich zu tun, sich zu sammeln, zu erholen und zu erneuern. Jede Frau braucht im Alltag so viel Kraft und Energie – und die bekommt sie am besten, wenn sie sich erlaubt, ganz allein etwas für sich zu tun. Das fällt Frauen schwer, weil wir von klein auf gelernt haben, daß wir für andere dazusein haben, nicht für uns selbst.

ÜBUNG:
Gönnen Sie sich jeden Tag den Freiraum, den Sie für Ihre persönliche Zufriedenheit brauchen. Auch wenn es Ihnen zu Beginn schwerfällt, planen Sie für sich freie Zeit ein, in der Sie ungestört sind und *frei*, das zu tun, was Sie gerne wollen. Erlauben Sie sich, etwas Gutes für sich selbst zu tun – schwimmen, saunen, ausruhen, ein Bad nehmen, zur Massage gehen, Yoga, sich mit Freundinnen treffen. – Und sollte Ihre Familie dagegen aufbegehren, dann nur, weil sie befürchtet, daß *Sie* nicht mehr zur Verfügung stehen. Sie haben ein Recht auf Ruhe. Sie haben ein Recht auf Eigenleben!

Gestatten Sie sich, Aufgaben innerhalb der Familie abzugeben, so daß *jeder* aktiv zur häuslichen Gemeinschaft beiträgt. Dadurch geben Sie Mann und Kindern die Chance, selbständiger zu werden und Verantwortung zu übernehmen. Sie müssen nicht alles für andere tun!

»Sei nicht so egoistisch«

BEISPIEL:

Traudl E., 34 Jahre, berichtet:»Ich erinnere mich an meine Kindheit. Nach dem Mittagessen wollte ich manchmal sofort meine Hausaufgaben machen, da ertönte der Ruf meiner Mutter:»Traudl, abspülen.« Ich haßte das und tat so, als ob ich ihr Rufen überhört hätte. Doch sie ließ nicht locker und rief mich erneut. Ich tat immer noch so, als ob ich es nicht gehört hatte. Dann kam sie in mein Zimmer, funkelte mich mit ihren Augen drohend an und sagte bestimmend:»Nun sei nicht so egoistisch. Du spülst jetzt ab, bitte.« ›Egoistisch sein muß was ganz Schlimmes sein‹, dachte ich damals, weil meine Mutter auch so einen verächtlichen Tonfall in dem Satz hatte und so ein angewidertes Gesicht dabei machte. Ihre Stimme klang für mich drohend, so daß ich Angst hatte, sie würde mich strafen, wenn ich nicht tat, was sie wollte... ich stand auf und machte, was sie verlangt hatte! Oft war ich innerlich furchtbar wütend auf sie, weil ich nicht das tun durfte, wozu *ich* Lust hatte. – Wenn ich etwas tat, was *ich* tun wollte, meine Eltern aber wollten, daß ich was anderes tat, dann warfen sie mir vor, ich sei ›egoistisch‹. Und weil ich nicht so schlecht sein wollte, tat ich dann meistens, was sie von mir forderten und gab meine Vorhaben auf.«

An diesem Beispiel läßt sich gut verdeutlichen, welche Macht ein Satz, der oft wiederholt wird, haben kann. Traudl hatte das Gefühl, daß »Egoismus« 'was Schlechtes ist, was sie an Mimik, Tonfall und Wortwahl der Eltern erkennen konnte. Dadurch wollte Traudl auf keinen Fall egoistisch = schlecht sein und tat, was ihre Eltern wollten. Sie lernte dabei, ihre eigenen Bedürfnisse zurückzunehmen und nicht so wichtig zu nehmen. Sie war als Kind angewiesen auf die Zuwendung ihrer Eltern. Damals hatte sie keine andere Wahl. Ihr Überleben hing von der Liebe ihrer Eltern ab.

»Hoffentlich ist meine Tochter nicht so egoistisch, sondern fügt sich gut in die Klassengemeinschaft ein«, hörte ich von besorgten Müttern immer wieder, als ich noch Lehrerin war. Bei den Buben dagegen waren Mütter und Väter gleichermaßen stolz, wenn sie sich lautstark durchsetzten. Verschiedene Untersuchungen belegen, daß Jungen mehr auf Durchsetzung und Konkurrenz hin erzogen werden, Mädchen dagegen auf gemeinschaftsfördernde Fähigkeiten.

Diese verinnerlichte Einstellung, nicht egoistisch sein zu dürfen, kann im erwachsenen Leben von Frauen sowohl in der Partnerschaft als auch im Arbeitsleben zu Problemen führen. Zunächst:

Stärken, die aus dieser Art der Erziehung resultieren
Diese Frauen können
- sich einer Situation rasch anpassen und sich unterordnen,
- einfühlsam sein und auf die Bedürfnisse anderer eingehen,
- sich um andere kümmern, sich für andere einsetzen,
- sich im Hintergrund halten,
  wobei sich hinter dieser Haltung ein unbewußtes moralisches Überlegenheitsgefühl mitentwickeln kann.

Schwächen, die aus dieser Entscheidung resultieren
Diese Frauen haben es schwer,
- eine eigene Meinung zu entwickeln und ihren Standunkt zu vertreten,
- eigene Bedürfnisse und Wünsche zu erkennen, sie ernst zu nehmen und zu äußern,
- eigeniniativ zu sein,
- etwas von anderen zu fordern,
- sich durchzusetzen,
- sich abzugrenzen und nein zu sagen.

Frauen haben durch ihre Erziehung zur Weiblichkeit viele soziale Fähigkeiten ausgebildet, ohne die eine Gesellschaft überhaupt nicht bestehen könnte. Da aber in unserer Gesellschaft männliche Werte Vorrang haben, werden unsere weiblichen Werte und Fähigkeiten nie so gewürdigt, wie sie es tatsächlich verdienen. Durch ihre Erziehung zur Selbstlosigkeit lernt die Frau, sich weitgehend selbst zu verleugnen und wird dadurch die ideale Erfüllunggehilfin für die Wünsche des Mannes.

Eng verwandt mit der Handlungsanweisung »Sei nicht so egoistisch« ist die Anleitung »Sei bescheiden«.

»Sei bescheiden«

»Halte dich zurück, dräng' dich nicht vor, nimm dich nicht so wichtig, laß anderen den Vortritt«, beinhaltet der Satz. »Träume kleine Träume, setz' dir enge Grenzen, denke nicht groß von dir, stell' deine Fähigkeiten nicht zur Schau und setz' sie nicht ins rechte Licht. Gib dich mit wenig zufrieden. Warte, bis jemand deine Fähigkeiten erkennt und dich befördert.« Und nicht zuletzt:

Eigenlob stinkt, ander' Lob klingt.

Dabei kann der Spruch auch abgewandelt werden, so daß er die eigene Entwicklung unterstützt:

Eigenlob ist gut, ander' Lob macht Mut.

Wie hinderlich die Erziehung zur Bescheidenheit im Erwachsenenleben einer Frau sein kann, möchte ich an einem Beispiel aus dem Berufsleben illustrieren.

BEISPIEL:

Jutta S., 27, war qualifizierte Sachbearbeiterin in einem Nahrungsmittelbetrieb. Sie war tüchtig, kooperativ, hatte eine rasche Auffassungsgabe, erledigte anfallende Arbeiten selbständig und professionell. Zudem war sie im Schulungsbereich für Lehrlinge tätig und wollte diese Arbeit ausdehnen, da ihr das Unterrichten viel Spaß machte. Als es bei der Neueinstellung von Lehrlingen darum ging, jemanden verstärkt für diesen Aufgabenbereich einzusetzen, erhielt ihr Kollege den Zuschlag. – Jutta beschrieb diesen Kollegen als wortgewandt, freundlich; er würde »sich bei den Vorgesetzten anpreisen und mit seinen Leistungen prahlen«. Dabei müßte doch jeder, der sie kennt, wissen, daß sie mindestens so gut mit Jugendlichen umgehen könne wie er.

Jutta hatte Schwierigkeiten damit, ihre eigenen Leistungen zu würdigen. Es war für sie – wie für viele Frauen –

selbstverständlich, daß sie gute Arbeit leistete! Warum sollte sie also damit »prahlen«? Dieses Wort war für sie moralisch negativ, dadurch wertete sie ihre Kollegen ab und ihr bescheiden-abwartendes Verhalten auf. Dabei versteckte sie, daß sie über ihre eigenen positiven Leistungen nicht wohlwollend reden konnte. Sie konnte ihre konstruktiven Fähigkeiten nicht »verkaufen«: Für sie galt das Motto: »Eigenlob stinkt, ander' Lob klingt.«

Jutta unterstellte, daß ihre Vorgesetzten wissen müßten, welch gute Arbeitskraft sie war und glaubte daher, daß sie den Zuschlag bekommen würde. Jutta hatte ihnen die alleinige Verantwortung für ihr berufliches Fortkommen gegeben und sich bescheiden zurückgehalten. So war es nicht überraschend, daß ihr Kollege vorgezogen wurde, da er für seine Arbeit an verschiedenen wichtigen Stellen immer wieder geworben, auf sich aufmerksam gemacht und so den Eindruck eines fachlich und sozial kompetenten Mitarbeiters hinterlassen hatte, der er auch war. Und so war auch Jutta ein Opfer ihrer Bescheidenheit geworden.

Ist Bescheidenheit also schlecht?
Nein, sie ist je nach Situation unterschiedlich zu betrachten: Bescheidenheit kann – wie alle anderen Fähigkeiten – das eine Mal eine Stärke sein, das andere Mal eine Schwäche.

Bescheidenheit als Stärke
Stärke ist es, wenn sich eine Frau zurücknehmen kann, sich nicht in den Vordergrund spielen *muß*, wenn sie Dinge tut, die anstehen, *ohne* großes Aufheben darum zu machen. Sie erkennt aber dennoch deutlich ihre Fähigkeiten.

Bescheidenheit als Schwäche
Schwäche ist es, wenn sie bescheiden sein *muß*, selbst wenn es auf ihre eigenen Kosten geht und für sie zum Nachteil wird. Dann *muß* sie sich zurücknehmen, dann darf sie über ihre konstruktiven Fähigkeiten nicht positiv reden und Werbung für sich machen; dann darf sie nicht stolz ihre neuen Klamotten zeigen. –
Sie unterliegt dem *Zwang* zur Bescheidenheit, hat keine

Wahlfreiheit im Denken und Verhalten. Übermäßige Bescheidenheit führt dazu,

- daß Frauen oft ein Berufsziel auswählen, das unter ihrem Können liegt.
- Daß Frauen ein Ziel wählen, bei dem sie nicht alle ihre Fähigkeiten adäquat einsetzen können.
- Daß Frauen sich leichter mit einer erreichten Position zufriedengeben.
- Daß Frauen ihre Fähigkeiten bei der Arbeit nicht ins rechte Licht rücken, sondern passiv abwarten und glauben, ihre Chefs müßten doch sehen, was sie alles leisten. Ihre Vorgesetzten müßten mit ihnen von sich aus über Gehaltserhöhungen sprechen oder sie für Beförderungen vorschlagen.
- Daß Frauen Schwierigkeiten haben, Forderungen zu stellen.
- Daß Frauen sich Männern gegenüber schlechter durchsetzen können und dadurch leichter frustriert werden.
- Daß Frauen im Hintergrund die Arbeit machen, während der Mann im Vordergrund das Lob für die geleistete Arbeit einsteckt.
- Daß Frauen Angst vor Erfolg haben, Angst davor, sich zu profilieren oder sich zu exponieren.
- Daß Frauen Angst haben, wenn andere auf sie schauen.

Es geht genau darum, daß Frauen sich Wahlfreiheiten im Denken und Verhalten schaffen und erlauben, daß sie sich je nach Situation zurücknehmen können oder auf ihre Fähigkeiten nachdrücklich hinweisen, daß sie egoistisch sein können und bescheiden, daß sie sich zurücknehmen und in den Vordergrund stellen können, daß sie andere freiwillig unterstützen, dies aber nicht müssen.

Weitere Verhaltensanleitungen
Natürlich gibt es noch andere Sätze, die das weibliche Leben wesentlich mitbestimmen.

»Sei vorsichtig«, »paß auf« – damit sagt die Mutter implizit: »Kind, da draußen kann es gefährlich sein, schau dich um.« Sie warnt einerseits ihre Tochter, andererseits sagt sie auch:

»Wenn dir da draußen was passiert, bin ich nicht bei dir, kann dir nicht helfen.« So lernt das Mädchen, sich zurückzuhalten, nach möglichen Gefahren Ausschau zu halten und übernimmt dadurch Ängste der Mutter.

»Sei mein braves Mädchen«. Das brave Mädchen weiß, daß sie die Mutter nicht enttäuschen darf, daß sie genau nachspüren muß, womit sie ihre Mutter und andere Personen aufmuntern, erheitern, trösten kann. Sie weiß, daß sie nicht allzu selbständig sein darf, weil dann die Mutter böse wird. Sie macht einen Knicks, wenn Besuch kommt, macht sich nicht schmutzig, weil sie auf das Kleidchen aufpassen muß, sagt »bitte« und »danke«, ist freundlich und »pflegeleicht«. Sie lernt, nicht wütend zu sein, weil ihre Mutter das nicht mag, sie lernt, nett zu sein und brav, sie tut, was ihre Mutter für sie will, ist außerordentlich hilfsbereit und vergißt zunehmend, daß sie eine eigenständige Person ist. Im erwachsenen Leben wartet diese Frau darauf, daß ihr jemand sagt, was sie tun soll, sie kann nicht nein sagen, weil sie Angst hat, den anderen zu verletzen.

»Sei nicht so vorlaut«, »ein anständiges Mädchen tut das nicht«, lauten andere Verhaltensanweisungen...

...die Kombination der Verhaltensanleitungen und das Vorbild der Mutter und der Frauen in Nachbarschaft und Schule führen zur weiblichen Anpassung, Zurückhaltung, Selbstverleugnung, zur Unterdrückung ihrer Lebendigkeit, zur Angst vor Autonomie und Freiheit und untergraben das Selbstvertrauen. Mädchen werden noch zum Dienen erzogen.

Wie sich die Erziehung zur Weiblichkeit im Berufsleben auswirken kann, soll folgendes BEISPIEL zeigen.

Ulla, 31 Jahre, christlich erzogen, alleinlebend, Sekretärin in einem mittelgroßen Unternehmen erzählt: »Ich hatte totale Schwierigkeiten, mich in der Firma durchzusetzen. Wenn ein Kollege kam und mich fragte, ob ich für ihn dies oder das erledigen würde, sagte ich automatisch ja. Später erst wurde mir klar, daß *ich* genau dadurch Überstunden machen mußte, während *er* pünktlich nach Hause konnte. Oder wenn jemand in der Firma persönlich Schwierigkeiten hatte, dann hieß es: ›Geh' zu Ulla!‹ Ich hörte mir ihre Geschichten an, gab ihnen Rat – ließ währenddessen meine Arbeit liegen und nahm dafür am Wochenende was mit nach Hause, um den Rest aufzuarbeiten. Klar war ich manchmal unzufrieden, weil ich oft später aus dem Büro nach Hause kam, aber ich wußte nicht, was ich dagegen tun sollte. Ich konnte eine Bitte von anderen nicht abschlagen, selbst wenn es zu meinem Nachteil war. Und irgendwann hörte ich zufällig, wie sich zwei Kolleginnen über mich unterhielten. Die eine sagte: ›Die Ulla ist schön blöd, sich auch noch die Arbeit von anderen aufzuhalsen!‹ Beide lachten. Ich war darüber sehr gekränkt.«

Womit hängt diese Haltung von Ulla genauer zusammen? Einmal hat auch sie gelernt, daß sie anderen helfen und diese unterstützen *muß*, d. h. sie läßt ihre eigene Arbeit liegen, um anderen Arbeit abzunehmen. Dann hat sie gelernt, daß sie auf keinen Fall egoistisch sein darf. Egoistisch zu sein heißt, ihre eigene Arbeit in den Vordergrund zu rücken, dafür andere Menschen mit ihren Bitten zu vernachlässigen oder abzuweisen. Selbstlose Bescheidenheit war ihr offizielles Ziel. Doch dahinter steckte der unbewußte Anspruch, sich moralisch überlegen zu fühlen. Ulla nahm ihre Kränkung und ihre innere Unzufriedenheit zum Anlaß, sich näher kennenlernen zu wollen und über ihre Haltungen nachzudenken.

Durch ihre unreflektiert übernommenen Denk- und Handlungsmuster aus ihrer Kindheit, durch ihre eigenen *Muß*-Zwänge machte sie sich von anderen abhängig. Sie mußte sich ständig beweisen, daß sie anderen half und gebraucht wurde. Sie nahm es sogar in Kauf, Wochenendarbeit zu machen, um sich moralisch pflichtbewußt über andere zu erheben und um sich als wertvoll zu erleben. Als Kind hatte sie gelernt, daß Eigeninitiative und Eigenständigkeit egoistisch = schlecht waren, daß nachzugeben, ja zu sagen, auch wenn sie nein dachte, sich unterzuordnen und sich mehr als anzupassen richtig und gut waren, denn dafür wurde sie von ihren Eltern gelobt und geliebt. Heute wird diese übertriebene Haltung belächelt und von anderen ausgenutzt, sie spürt, daß sie nicht die Anerkennung bekommt, die sie sich wünscht und ist mit sich unzufrieden.

Alle Gefühle haben Sinn und ihre Bedeutung. Und genau diese Gefühle der Unzufriedenheit und Frustration können den Anstoß geben, sich weiterentwickeln zu wollen.

ÜBUNG: Zu Beginn des Kapitels hatten Sie Sätze Ihrer Kindheit aufgeschrieben. Lesen Sie diese nochmals durch. Stellen Sie Ähnlichkeiten mit den hier geschilderten fest? Haben Sie ganz andere Sätze als Mädchen gesagt bekommen? – Überlegen Sie, wie diese Sätze Sie möglicherweise beeinflußt haben.

»Nur ein Mädchen – nur eine Frau!«

»Es ist ein Mädchen... wie schön, daß es gesund ist. Aber vielleicht klappt es ja beim nächsten Mal!« heißt es immer wieder völlig vorurteilsfrei bei der Geburt eines Mädchens. Nicht, daß einem Mädchen direkt gesagt wird, daß sie weniger wert ist, nein. Das wäre zu einfach und zu plump. Der Prozeß spielt sich subtiler, dadurch aber entschieden nachhaltiger und versteckter ab.

Das Mädchen bekommt von frühester Kindheit an zu spüren, daß der *Vater*, der im Leben der Kinder überwiegend durch Abwesenheit glänzt, bei seiner seltenen Anwesenheit zu etwas ganz besonders Wertvollem hochstilisiert wird. Wenn er von der Arbeit nach Hause kommt, ist er müde, will sich erholen und von niemandem gestört werden. »Nimm Rücksicht auf Papa«, »sei leise, Vater braucht seine Ruhe«, sagt die Mutter. Das Mädchen beobachtet, wie sich zuhause alles um den Vater dreht, wie er im Mittelpunkt steht, wie die Mutter ihn umsorgt, ihm die Last des Haushalts und der Kindererziehung abnimmt, ihm die Wünsche von den Augen abliest, wie sie auf ihn eingeht, sich ihm anpaßt und unterordnet. Sie beobachtet, daß der Vater sich der Mutter gegenüber überwiegend passiv verhält, daß aber seine Meinung in der Familie maßgeblich ist. Das Mädchen nimmt wahr, daß dies auch bei anderen Familien der Fall ist.

Ein Mädchen freut sich, wenn sie Zuwendung von ihrem Vater bekommt... einmal, weil er so selten zuhause ist, und was Seltenheitswert hat, ist etwas Besonderes. Zum anderen, weil Zuwendung von der wichtigeren Person in der Familie wertvoller ist und damit auch das Mädchen aufwertet. Sie hat es geschafft, seine Aufmerksamkeit zu ergattern und darf sich in seinem Schatten sonnen. Während die Liebe des Vaters von Mutter und Tochter idealisiert, geschönt, wird, wird die Liebe der Mutter eher abgewertet und als selbstverständlich hingenommen.

Unsere Gesellschaft ist dermaßen von *männlichen Werten* geprägt, daß unser ganzes Wahrnehmen, Denken, Fühlen, Handeln entscheidend davon beeinflußt werden. Unsere Mütter sind in der Welt aufgewachsen, in der die Werte der Männer zählen. Daher haben sie gelernt, die Überlegenheit und Höherwertigkeit des Mannes als Wirklichkeit zu betrachten, ohne daß ihnen das bewußt ist. Mit der Grundannahme der patriarchalischen Welt von der Höherwertigkeit des Mannes, geht die Grundannahme von der Zweitrangigkeit und der Minderwertigkeit der Frau einher. Daher kommt das gesellschaftlich anerzogene Minderwertigkeitsgefühl der Frauen sowie die Abwertung alles Weiblichen schlechthin:

- Der Höherwertigkeit des Mannes entspricht die Minderwertigkeit der Frau.
- Der Aufwertung des Mannes entspricht die Abwertung der Frau.

Diese unterschiedliche Wertigkeit von Frau und Mann hat Folgen:

Die Höherbewertung des Mannes verstärkt die männliche Höherbewertung; das Ego des Mannes wird zusätzlich aufgebläht, führt letztlich aber zu Engstirnigkeit und Einseitigkeit. Der Mann projiziert seine Schwäche, seine Gefühle, seine Zärtlichkeit, Weichheit, Abhängigkeit auf die Frau und verachtet diese Anteile in ihr und bei sich.

Die gesellschaftliche Abwertung der Frau führt zu Selbstabwertung, Selbstverachtung und Minderwertigkeitsgefühlen. Durch die negative Einstellung zu sich selbst wertet die Frau ihre Fähigkeiten ab, traut sich wenig zu, wertet andere Frauen ab und wertet Männer gleichzeitig auf (vgl. Christa Mulack, 1991. S.46).

Jahrhunderte des Patriarchats haben tiefe Spuren bei Frau und Mann hinterlassen. Die *Grundlektionen* im Leben einer Frau lauten:

1. Der Mann ist wichtiger als die Frau.
2. Die Frau muß sich dem Mann unterodnen, ihm dienen.
3. Sie muß Rücksicht auf ihn nehmen, darf seine Überlegenheit nicht in Frage stellen.

Obwohl Frauen heute viel mehr Möglichkeiten haben als früher, übernehmen sie durch ihre Erziehung den Glauben an die Vorrangigkeit der Männer. Nicht bewußt. Ebenso wie Männer nicht bewußt den Glauben an ihre Überlegenheit übernommen haben.

Hier als Mädchen aufgewachsen zu sein und als Frau zu leben heißt für viele zunächst: *Mit dem Gefühl der Minderwertigkeit leben.*

Und Mütter geben dieses Weltbild, das die Frau auf die Ergänzungsrolle zum Mann reduziert und sie um einen Teil ihres Eigenlebens betrügt, inklusive ihres eigenen Minderwertigkeitsgefühls den Töchtern weiter. Traditionsgemäß, selbstverständlich, reflexhaft. Ohne böse Absicht. Unbewußt. Weil wir es so gelernt haben.

FAZIT:
Die Erziehung zur Weiblichkeit trägt ihre Früchte. Sie läuft überwiegend darauf hinaus:

• den Mann zu lieben und zu stützen,
• sich selbst zurückzunehmen.

Immer mehr Frauen wird – nicht zuletzt dank der Frauenbewegung – ihr Recht auf Eigenleben klar. Sie haben die Nase voll von der einseitigen Ergänzungs- und Unterstützungsrolle zur Aufwertung und Stabilisierung des Mannes!

Der gesellschaftliche Auftrag, für den Mann selbstlos dazusein steht im Widerspruch zu den neuen Anforderungen des Berufslebens und den Wünschen nach Selbstentfaltung. Damit sind Schwierigkeiten im Leben der erwachsenen Frau vorprogrammiert.

»Du sollst deinen Herrn und Meister lieben!«

Jeder Mensch ist auf seine Weise schön – jeder hat seine ureigenen, spezifischen Qualitäten und Fähigkeiten, seine eigene, besondere Ausstrahlung, singt seine eigene Melodie. Jeder Mensch ist einzigartig auf diesem Planeten, es gibt ihn kein zweites Mal. Sein Aussehen, seine Bewegungen, sein Lachen und Weinen, seine Weise, mit dem Leben umzugehen, sind letztlich immer einmalig, auch wenn es kultur- und geschlechtstypische Gemeinsamkeiten gibt.

Diese Einzigartigkeit macht die persönliche Ausstrahlung aus, macht ihn auf ganz spezifische Weise liebenswert und für andere Menschen anziehend.

Durch die Liebe werden diese Saiten zum Klingen gebracht. Wir fühlen uns lebendig, geliebt und wertvoll. Doch es dauert nicht allzu lange, da tauchen unvorbereitet die ersten dunklen Wolken am Horizont auf, Schwierigkeiten, die mit den gesellschaftstypischen Liebesvorstellungen und Idealen zu tun haben. Diese Schwierigkeiten werden zunächst geflissentlich übersehen, da sie dem landläufigen Bild des »glücklichen Liebespaares« widersprechen. Doch unter der schönen Oberfläche sammelt sich gar mancher Unrat an, der langsam aber sicher an der Liebe nagt und sie bisweilen zerstören kann.

Im folgenden zeige ich auf, welche Schwierigkeiten Frauen mit den gesellschaftlichen Anforderungen, der Verpflichtung zur Liebe und zur Zurückhaltung eigener Bedürfnisse bekommen und wie sie konstruktiv damit umgehen können.

»Da hab' ich jahrelang alles für ihn getan...«

An dem Beispiel von Irene können wir erkennen, wie tief die Erziehung zur Weiblichkeit ihr Eheleben beeinflußt hat. Irene, 44, von Rolf geschieden, zwei Kinder im Alter von 15 und 12 Jahren.

»Nach zehn Jahren Ehe war der Traum vom Märchenprinzen ausgeträumt... Um den letzten Rest meiner Selbstachtung zu retten, habe ich mich von ihm getrennt. Er hielt das zuerst für einen Witz und sagte: ›Du bist doch gar nicht fähig, alleine zu leben, dann hat er gefleht und mich gebeten, bei ihm zu bleiben. Doch ich wollte nicht mehr. Er hat mir zu oft und zu sehr weh getan, als daß ich ihm hätte verzeihen können.« Es hat lange gedauert, bis Irene diesen Schritt ins Ungewisse gewagt hat. Sie hat sich immer wieder gefragt, ob Trennung das Richtige sei.

»Lange glaubte ich an das Ideal der guten Ehe. Ich hatte jahrelang alles für ihn getan, ihm ein behagliches Zuhause geboten, ihm jede Arbeit im Haushalt abgenommen, die Kinder mehr oder weniger allein erzogen, da er beruflich oft weg war. Ich hab' mit ihm geschlafen, wenn *er* Lust dazu hatte. Und wenn ich mich mal verweigert habe, dann hat er mich ›egoistisch‹ genannt oder war beleidigt; also hab' ich um des lieben Friedens willen ja gesagt. Er sollte nicht sauer sein... Wenn wir Einladungen hatten, dann war *er* der große Gastgeber, hat alle unterhalten, während ich immer schweigsamer wurde. Ich war allmählich so verunsichert, daß ich mich mehr auf die Versorgung der Gäste konzentriert habe. Innerlich war ich wütend auf ihn und mich, daß ich nicht mehr so sein konnte, wie ich wollte. Ich fühlte mich von ihm kontrolliert und bevormundet. Gleichzeitig hatte ich Angst, daß er mich nicht mehr so lieben würde und wurde noch perfekter. Das Haus glänzte, das Essen war gut, ich gab viel Geld für Kosmetika und Kleidung aus, konnte aber immer weniger mit ihm reden. Er hörte mir nicht mehr zu und sagte: ›Du langweilst mich mit deinem Haushalt und deinen Psychogeschichten. Ich hab Wichtigeres zu tun.‹ Er ließ mich einfach im Regen stehen, und ich hab' mich bemüht, es ihm recht zu machen. Ich verstand ihn ja, er hatte einen guten Beruf – und ich war *nur* Hausfrau.«

Irenes Lebensgeschichte *ist typisch für eine Frau.* Sie war lange der Überzeugung:

- Ich muß alles für meinen Mann tun.
- Ich muß ihm alle Arbeit im Haushalt abnehmen.
- Kindererziehung ist Frauensache.
- Ich muß ihm sexuell zur Verfügung stehen.
- Ich muß ihn schonen, Rücksicht auf seine Wichtigkeit nehmen.
- Ich muß alle seine Launen erdulden.
- Ich darf ihn nicht mit meinen »kleinen« Problemen und Alltagssorgen belästigen.
- Ich muß ihn verstehen, auf seine Bedürfnisse eingehen.
- Ich muß die Harmonie um jeden Preis aufrechterhalten.
- Ich darf ihn nicht kritisieren.
- Ich darf ihn auf gar keinen Fall verletzen.
- Ich muß mir Liebe durch perfekte Hausarbeit verdienen.

Je erfolgreicher Rolf wurde, desto mehr lebte er – beruflich bedingt – sein eigenes Leben, war nur noch seltener Gast zuhause. Er bekam in der Firma viel Anerkennung für seine Leistung und glaubte, zuhause dieselbe Anerkennung zu verdienen, *ohne* etwas dafür zu geben. Er hatte Irenes Aufmerksamkeit und Zuwendung für selbstverständlich erachtet. Er war es gewohnt, umworben zu werden, und wagte Irene mal zu sagen: »Du könntest abspülen«, dann empfand er das als maßlose Überforderung. »Ich ärgerte mich über Rolf, daß er es selbstverständlich nahm, daß ich ihm alle Probleme vom Hals hielt. Es wurde für mich immer schwerer, freundlich zu ihm zu sein, da er mir nie Anerkennung gab, meine Arbeit und mich nicht ernst nahm.«

Je bedeutender Rolf sich erlebte, desto unbedeutender wurde für ihn Irene. Er fühlte sich »oben«, wertete sie ab und sie wertete sich zusätzlich selbst ab. Sie war »nur Hausfrau«, es war quasi eine Gnade für sie, daß er überhaupt bei ihr geblieben war. Er hatte Macht über sie, sie war von ihm abhängig, während er den Unabhängigen spielte (der er nicht war, sonst hätte er ihre Abhängigkeit nicht gebraucht.) Er war ihr Mittelpunkt, der Sinn ihres Lebens. An seinen Bedürfnissen konnte sie sich orientieren. Bei allem, was sie tat, dachte sie an ihn. Wann kommt er? Ist er müde? Will er seine Ruhe oder kann ich noch mit ihm reden? Was koch' ich? Hab ich seine Hemden schon gebügelt? Bin ich »gut genug« für ihn? Steck' deinen Ärger weg, er will eine lächelnde Frau!

Sie ließ sich von ihm in ihrer Würde und Selbstachtung wiederholt verletzen und mußte sich mehr und mehr kontrollieren, ihren Ärger, ihre angestaute Wut und ihre Verzweiflung nicht zu zeigen. Sie explodierte gelegentlich wegen Kleinigkeiten, wurde nervös, bekam Schuldgefühle und bemühte sich verstärkt, alles recht zu machen und sich unter Kontrolle zu halten.

»Ich hatte das Gefühl, daß ihn mein Leben nicht interessierte, also nahm ich mich völlig zurück, um ihm nicht zur Last zu fallen.« Auf diese Weise blockierte sie ihre Lebendigkeit und verleugnete sich selbst. Ihre Aufmerksamkeit richtete sich zunehmend darauf, wie egoistisch er sich verhielt. Dabei bemerkte sie nicht, daß sie selbst zunehmend egoistischer wurde! Irene konnte sich nicht mehr richtig freuen, wenn Rolf ihr entgegen kam und ihr im Haushalt helfen wollte; sogar in einer Umarmung glaubte sie zu spüren, daß er wieder einmal ausschließlich seine eigenen Bedürfnisse befriedigte.

Insgeheim hatte sie große Angst, verlassen zu werden und allein mit den Kindern dazustehen, unterdrückte daher viele ihrer Gefühle, Gedanken und Bedürfnisse. Dennoch wollte sie die wenige Geborgenheit und Sicherheit, die sie in der Ehe spürte, nicht aufgeben. Als Frau von Rolf wurde sie gesellschaftlich geachtet und geschätzt.

»Mein Selbstwertgefühl war nach zehn Jahren am Tiefpunkt. Nach wochenlanger Niedergeschlagenheit und Überlegungen, kam ich zu dem Schluß, so auf keinen Fall weiterleben zu wollen. Ich machte mir Gedanken, wie ich den

Absprung schaffen könnte (...) und eines Tages wollte ich nicht länger warten, wollte die Entscheidung nicht länger hinausschieben – ich hatte ja nichts mehr zu verlieren, ich wollte nur noch weg.«

Nachdem sie lange Jahre Rolf keine Grenzen gesetzt hatte und ihm dadurch die Gelegenheit gab, sie zu kränken, schob sie ihm einen Riegel vor, indem sie sich von ihm trennte.

»Ich war nach dem Auszug sehr einsam, wußte nicht, was ich wollte, wußte nicht, was ich fühlte und merkte, wie sehr ich auf Rolf fixiert war. Ich mußte lernen, mein *eigenes* Leben zu gestalten.« Sie nahm therapeutische Hilfe in Anspruch, weil sie sich »wie im luftleeren Raum« gefühlt hatte. Durch die gemeinsame Arbeit wurde ihr klar, daß ihre Erziehung zur Weiblichkeit einen maßgeblichen Anteil an den Schwierigkeiten mit Rolf hatte. Sie weiß nun:

- Ich bin als Frau vollwertig und liebenswert, so wie ich bin. Ich kann etwas für andere tun, aber ich muß es nicht.
- Ich habe das Recht, nein zu sagen, wenn ich etwas nicht will, auch wenn der andere es im Moment nicht versteht.
- Es gibt weder gute noch schlechte Gefühle. Gedanken und Gefühle sind Energien und Kräfte, die zum Leben gehören, sie zeigen an, was im Augenblick los ist. *Jedes* Gefühl ist in Ordnung.
- Ich erlaube mir jetzt, alle meine Gefühle wahrzunehmen und anzuerkennen. Ich muß nicht alle Gefühle ausdrükken, aber ich erlaube mir, sie zu fühlen und sie nicht zu unterdrücken.
- Ich kann mir gestatten, es mir gutgehen zu lassen und gut für mich zu sorgen.
- Ich bin für mein Leben selbst verantwortlich und kann niemand anderen für meine Gedanken und Gefühle verantwortlich machen.
- Ich muß bei *meiner* Wahrheit bleiben. Dann fließe ich mit *meiner* Energie, bleibe lebendig und lebensfroh.

Irene hat es geschafft, in der größten Krise ihres Lebens die Chance zu erkennen. Sie hat zwar Rolf verloren, doch sich gefunden.

1. Das Verstehen und Bewußtwerden der Zusammenhänge war der erste wichtige Schritt für sie, Klarheit zu bekomen. Sie hat ihr *Selbstvertrauen* und ihr *Selbstwertgefühl* dadurch zurückgewonnen, daß sie *ihre eigenen Denk- und Verhaltensmuster schonungslos hinterfragt* hat und ihre frauentypischen Verhaltensweisen erkannt und verstanden hat. 2. Der zweite wichtige Schritt ist, daß Irene *aufgehört hat, sich selbst niederzumachen.* Sie hatte sich permanent für ihr Verhalten verurteilt, »nicht gut genug« zu sein, nicht »vollwertig« zu sein, *nur* Hausfrau zu sein oder auch zu sagen: »Ich hab' jahrelang alles für ihn getan, welch ein Schwachsinn!« Durch solche Negativgedanken hat sie sich zusätzlich bestraft, verurteilt und schlecht gemacht. Diese Gedanken sind destruktiv und führen dazu, immer weniger an sich zu glauben.

> Konstruktive Gedanken führen zu einem konstruktiven vertrauensvollen Leben.

3. Der dritte wichtige Schritt war und ist, daß sie *Nein-Sagen* übt und sich abgrenzen lernt. Hatte sie früher im Laden der Wurstverkäuferin zugestimmt, wenn diese: »Darf's etwas mehr sein?« fragte, so sagt sie heute: »Nein.« Sie geht kleine, überschaubare Risiken ein, sich abzugrenzen, ihre Meinung zu sagen und macht, wenn es für sie stimmt, anderen Menschen mal ein Kompliment. Durch das umfassende Verständnis ihrer selbst konnte sie ihren Anteil am Scheitern der Beziehung erkennen, Verantwortung dafür übernehmen, sich akzeptieren und daraus lernen.

ÜBUNG:
In dieser Übung geht es um die eigene Abgrenzung. Entspannen Sie sich. Lassen Sie vor sich eine wiederkehrende Situation auftauchen, in der Sie sich – Ihrem Gefühl nach – nicht genug abgrenzen, dies aber lernen möchten. Schauen Sie sich diese Situation von allen Seiten an: Wie möchten sie

gerne handeln, damit Sie hinterher befriedigt sind? – Lassen Sie verschiedene konstruktive Alternativen vor sich auftauchen, wie Sie handeln können inklusive der damit verbundenen möglichen Konsequenzen.
Wählen Sie die Alternative, die Ihnen am sinnvollsten erscheint.
Spielen Sie diese in Ihrer Vorstellung mehrere Male durch – und setzen Sie sie dann tatsächlich in die Praxis um.
Spüren Sie, wie es Ihnen hinterher geht!
Was sagen Sie zu sich selbst, daß Sie sich tatsächlich abgegrenzt haben?

»Ich brauch' dich, um dir und mir zu beweisen, daß ich dich nicht brauche«

Claudia, 39, Rechtsanwältin. Sie ist eine attraktive, selbstbewußte Frau, die sich in ihrem Beruf durchzusetzen versteht und eine eigene Kanzlei mit mehreren Mitarbeitern leitet. Sie ist seit fünf Jahren mit Peter, einem Kaufmann, befreundet. Bedingt durch die Berufstätigkeit der beiden, treffen sie sich unregelmäßig, wobei sie die aktivere ist. Sie ruft an, sie bekocht ihn, dann reden und schlafen sie miteinander. Sie ist überglücklich. Die Beziehung ist jedoch fragil. Sie hat den Wunsch, vermehrt mit ihm zusammenzusein, möchte wissen, wo er seine Abende verbringt, wenn er allein ist und hätte gern, daß er sie auf Schritt und Tritt von seinen Unternehmungen unterrichtet. Er fühlt sich kontrolliert und zieht sich zurück, worauf sie erst recht das Bedürfnis hat, ihm nahe zu sein. Sie weiß, daß sie nun warten muß, bis er sie anruft. Das kann zwei bis drei Wochen dauern. Während dieser Zeit hofft sie, daß er überhaupt anruft und geht ihren Alltagsgeschäften nach. Dann – endlich meldet er sich und sagt sich für den Abend an. Sie ist aufgeregt, macht sich besonders schön, freut sich. Die Kerzen brennen, das Essen ist fertig. Wo bleibt er? Am nächsten Tag ruft sie ihn an. Er hatte Kopfweh und blieb lieber zuhause. Da kann sie nichts dagegen sagen! Innerlich empfindet sie sein Verhalten als Nichtachtung ihrer Person. Doch sie darf ihren Ärger nicht zeigen, das würde ihn sofort in die Flucht jagen, glaubt sie. Sie will ihn nicht verlieren, träumt von einem Leben mit ihm. Und wie jedes Jahr, so macht er ihr auch dieses Jahr den Vorschlag, mit ihm in den Urlaub zu fahren. Auch dieses Jahr sagt sie: »Ich würde so gerne mit dir fahren, aber ich habe berufliche Termine.« Er weiß das. Er hat gar nicht damit gerechnet, daß sie ja sagen würde. Claudias typische weibliche Fähigkeiten schützen Peter:

Sie idealisiert ihn und wertet ihn zu etwas ganz Besonderem auf. Die Realität, daß er nur selten da ist, übersieht sie großmütig.

Sie schont ihn, nimmt Rücksicht auf seine Kopfschmerzen, anstatt ihm die Meinung zu sagen.

Sie macht ihn selbst in seiner Abwesenheit zum Mittelpunkt ihres Lebens, um ihre Einsamkeit nicht zu spüren.

Sie wartet und hofft, daß er sich ihr so zuwendet, wie sie es sich erträumt. Aber warum sollte er, solange sie sich so pflegeleicht verhält und ihm entgegenkommt.

Sie verzeiht und versteht.

Sie bemüht sich um ihn, während er sich zurückhält und rar macht.

Sie hat insgeheim Angst, ihre Gefühle zuzulassen, ihre Bedürftigkeit zuzugeben und verschanzt sich hinter einer Demonstration ihrer beruflichen Unabhängigkeit und Unverletzlichkeit. Sie hat in ihrer Kindheit mit ihren Bedürfnissen nach Nähe und Liebe negative Erfahrungen gemacht, daher vermehrt Angst, sich zu öffnen und verletzlich zu sein. Sie hat Angst, sich auf eine enge Beziehung einzulassen, daher sucht sie einen Partner wie Peter. Sie glaubt von sich, Nähe zu Peter zu wollen, doch wenn sie tatsächlich die Chance dazu hat, lehnt sie diese ab, schiebt Termine vor.

In ihren häufigen Telefonanrufen steckt auch Aggression, da sie einseitig auf ihn zukommt und er sich nicht so verhält, wie sie erwartet. Ihre Aggression drückt sich auf subtile Weise aus, wenn sie sein Urlaubsangebot ablehnt und ihm und sich einmal im Jahr beweist, daß sie ihn nicht braucht. Zudem geht sie kein Risiko ein, wenn sie nicht mit ihm in Urlaub fährt.

Sie kann weiterhin von ihm träumen, statt sich mit dem wirklichen, lebendigen, realen Mann auseinandersetzen zu müssen. Sie kann weiterhin ihren Fantasien vom glücklichen Leben nachhängen und darauf warten, daß der Frosch sich doch noch in einen Prinzen verwandeln möge, wenn sie ihn nur lange genug küßt.

Sie hat die weibliche Fähigkeit des Sichzurückhaltens und Zurücknehmens gelernt, wurde von ihren Eltern dafür geliebt und glaubt nun, wenn sie weiterhin folgsam ist, von Peter geliebt zu werden.

Dabei gilt für jede Frau:

- Wenn eine Frau den Partner schont, dann schont sie auch sich selbst damit.
- Indem sie Rücksicht auf ihn nimmt, nimmt sie zugleich Rücksicht auf sich.
- Indem sie ihn nicht mit der Wirkung seines Verhaltens konfrontiert, tut sie dies auch nicht mit sich selbst.
- Dadurch bleibt sie in ihrem Leiden stecken und bleibt frustriert.
- Dabei hat jede Frau jeden Tag Chancen, etwas *für sich* zu tun, um das Leid zu überwinden.
- Voraussetzung dafür ist, daß sie wirklich etwas *für sich tun will* und bereit ist, sich vom Leiden zu lösen, ihre relative Sicherheit aufzugeben und für sich Verantwortung zu übernehmen.

ÜBUNG:
Überlegen Sie sich Situationen, in denen Sie einen Mann wiederholt schonen.
Wie fühlen Sie sich dabei?
Was denken Sie über sich und den Mann in dieser Situation?
Was könnten Sie tun, damit die Situation, wenn sie wiederkehrt, für Sie befriedigender wird?
Was könnte Ihnen dabei schlimmstenfalls passieren?

Was könnte Ihnen bestenfalls passieren, wenn Sie anders handeln, als der Mann bisher von Ihnen gewohnt ist?

»Du bist schuld, und ich kann nichts dafür«

»Ist es nicht eine Frechheit, daß Herbert mich von heute auf morgen hat sitzenlassen? Wie konnte er mir das nur antun? Ohne jegliche Vorankündigung? – Überhaupt, Herbert ist so was von unsozial, denkt nur an sich. Ist es nicht schrecklich, daß...« Isolde war so richtig in Fahrt. Sie schimpfte wie ein Rohrspatz, ließ kein gutes Haar an Herbert, ihrem Exmann, mit dem sie sieben Jahre lang zusammengelebt hat.

Der langen Rede kurzer Sinn lag darin: Sie schob die Schuld, daß es ihr so schlecht ging, ihm zu. Sie machte ihn für ihre Gefühle, ihre Gedanken, ihre finanzielle Situation verantwortlich. Er war der Böse, der ihr so übel mitgespielt hatte. Sie war das arme unschuldige Opfer. Obwohl es schon drei Jahre her ist, daß Herbert sie verlassen hat, klingt es bei Isolde, als ob es gestern gewesen wäre.

Dabei hatte Isolde ihren Mann einst sehr bewundert, ihn auf einen Sockel gestellt, und zu ihm aufgeblickt. Er war es, der so redegewandt, so intelligent und obendrein noch sportlich war. Durch ihn hatte sie sich aufgewertet gefühlt, sich in seinem Image als Chef einer Werbeagentur gesonnt.

Dann hatte er eine Freundin, von der Isolde lange nichts wußte. Sie war sehr gekränkt und verlangte, daß ihr Mann das Verhältnis aufgab. Er tat es nicht – und so stieß sie ihren Märchenprinzen vom Sockel, daß es nur so krachte... Nun war alles falsch und schlecht an ihm. Er war eine Ausgeburt des Satans, nur dazu da, ihr weh zu tun. Daß er sie verlassen hatte, war der Gipfel seiner Bosheit.

Was war passiert?

Isolde hatte den Mann und ihre Beziehung zuerst idealisiert und aufgewertet, so wie auch er in ihr eine Traumfrau gesehen hatte. Sie hatte ihn zu ihrem Mittelpunkt gemacht, um den sich ihr Leben drehte.

Er hatte jedoch ihr Ideal von der harmonischen Zweisamkeit nicht erfüllt, also mußte er verdammt und bestraft werden. Sie fragte sich nicht, ob das Ideal unangemessen hoch war.

Sie flüchtete sich in Vorwürfe, in Jammern und Wehklagen. Diese dienten dazu, ihren Schmerz und die Aggression zu lindern, ihre Spannung zu reduzieren; sie richtete ihre Aufmerksamkeit weiterhin auf *ihn* und hegte die heimliche Hoffnung,daß er wiederkehren würde, anstatt sich mit ihren eigenen Gefühlen auseinanderzusetzen.

Gerade die Intensität ihrer Vorwürfe zeigt, daß sie innerlich noch an den Mann gebunden ist. Trotz seiner Ablehnung will sie gerade von ihm anerkannt werden. Von ihm, der sie verlassen hat, will sie Zuwendung, dabei zeigt er ihr eindeutig, daß er nichts von ihr will. Sie jammert und leidet schon drei Jahre und weigert sich, die aktuelle Situation zu akzeptieren und ihre Gefühle zu analysieren.

Sie spielt das Spiel: »*Der andere ist schuld* an meinem Leid« und: »Ich bin das arme Opfer und kann nichts ändern.«

Durch ihr Jammern und Schuldzuweisen lenkt sie von sich ab, gerät in eine reaktiv-passive Haltung, ergeht sich in Selbstmitleid und übergibt ihm die Verantwortung für ihr Leben. Sie braucht sich daher nicht mit der Frage auseinanderzusetzen: »Wer bin *ich – ohne Mann?*« Sie sieht nur, was sie verloren hat – ohne sich wirklich der Kränkung ihres Selbstwertgefühls zu stellen und den Verlust zu betrauern.

Noch kann sie nicht erkennen, daß sie gerade *jetzt* die Chance hat, ihr eigenes Leben zu leben. Noch klammert sie sich an den Mann und will durch ihn *von außen* bestätigt werden. Sie identifiziert sich mit dem Leiden, spürt sich durch das Leiden und hält daran fest, weil es für sie eine gewohnte und vertraute Haltung ist. Da sie sich ohnmächtig fühlt, gibt sie ihrem Mann alle Macht über sie und erkennt nicht, daß sie einen aktiven Anteil daran hat. Sie sieht nicht, welche Stärke sie in der Schwäche hat! Wenn sie dieselbe Energie dazu verwenden würde, aktiv-konstruktiv tätig zu sein, könnte sie vieles bewirken!

Durch den ständigen Blick in die Vergangenheit kann sie die

Gegenwart nur verzerrt wahrnehmen und beraubt sich der Möglichkeit, sich *für ihr eigenes* Leben einzusetzen und etwas *für ihre eigene Entwicklung* zu tun!

Wir Frauen haben in unserer Sozialisation vielfach die Erfahrung unserer Zweitrangigkeit gemacht, so daß wir bisweilen nicht daran glauben, von uns aus aktiv etwas zu tun und bewirken zu können, um eine Situation zu ändern.

Wir haben in unserer Erziehung zur Weiblichkeit gelernt, vieles geduldig zu ertragen, um in der männerdominierten Gesellschaft zu überleben.

- Solange Sie anderen die Schuld für Ihre Gedanken und Gefühle zuschieben, geben Sie Ihre Verantwortung für sich ab!
- Solange Sie sich als Opfer fühlen, geben Sie anderen die Macht über Ihr Leben!
- Sie sind kein Opfer des Mannes, der Firma oder des bösen Schicksals!

Rechtfertigungen

Frauen sind Weltmeisterinnen in Rechtfertigungen. Sie finden 1000 Begründungen dafür, warum sie etwas nicht getan haben oder warum sie es gerade so getan haben. »Ich würde so gerne allein in eine Bar gehen, aber die Männer starren einen da so an.«

Rechtfertigungen sind Verteidigungsreden und haben den Sinn, alles beim alten zu lassen, dies aber zu verschleiern. Sie dienen auch dazu, den Mann zu beschwichtigen und bei Laune zu halten.

BEISPIEL:
Er: »Warum hast du die Blumen noch nicht eingepflanzt?« – Sie: »Weil ich heute so viel zu tun hatte.« – Er: »Was hattest du denn zu tun?« – Sie: »Ich habe X und Y gemacht.« – Er: »Hat das so lange gedauert?« – Sie: »Ja, weil ich . . .« – Er: »Du weißt, daß es Zeit wird, sie zu pflanzen.«

Die Struktur des Gesprächs ist klar. Er beginnt und beendet das Gespräch, er fragt, sie antwortet, verteidigt sich. Dadurch sichert er sich die überlegene Position. Sie bleibt in der unterlegenen, die ihr Sicherheit und Schutz gibt, sagt er ihr doch, was sie zu tun hat. Letztlich vermeidet sie durch Anpassung und Rechtfertigung Eigenverantwortung.

Jammern, Klagen, Weinen, Nörgeln haben wichtige Funktionen:
Sie entlasten kurzfristig vom Leiden und reduzieren die innere Spannung.

Das wiederholte Jammern über eine bestimmte Angelegenheit, mit der wir nicht fertigwerden, ist immer auch ein Versuch, die Angelegenheit zu verstehen und zu verändern. Doch wenn wir ständig nur über etwas jammern, uns ständig über etwas beschweren, ist es für andere schlichtweg unangenehm, mit uns zusammenzusein. Durch das Opferspiel lassen wir andere nicht an uns heran, wir vermeiden wirkliche Kommunikation, Intimität und Nähe und benutzen die anderen für unsere Entlastung!

Jammern und Klagen allein ändern nichts: Es sind reaktive Verhaltensweisen, das Leiden und sich als Opfer fühlen bleibt. Die Frage ist: Welche Gefühle stecken hinter dem Jammern?

Hierzu ein weiteres BEISPIEL:
»Mein Mann wirft mir ständig vor, daß die Wohnung nicht ordentlich genug ist«, berichtet eine junge Frau in der Gruppe. »Wie geht es dir damit?« fragt eine andere. »Schlecht, aber er hat ja recht. Ich mache zwar die Hausarbeit, so gut ich kann, aber ich kann nicht alles gleichzeitig machen. Schließlich bin ich auch berufstätig.« »Hat er deshalb das Recht, an dir herumzumeckern?« »Nein. Aber was soll ich denn tun? Es stimmt ja, was er sagt. Es ist nicht immer alles ordentlich.«

Diese junge Frau fühlte sich sofort schuldig, wenn ihr Mann sie auf ihre »weiblichen Aufgaben« ansprach und glaubte, ihr Verhalten rechtfertigen zu müssen. Sie hatte bisher keine Wahl, mit der sich wiederholenden Situation konstruktiver umzugehen.

Auch sie hatte in ihrer Erziehung zur Weiblichkeit gelernt,

- den Mann zu schonen – d. h. sein Verhalten nicht zu kritisieren.
- geduldig zu sein und keine Forderungen zu stellen; sie hat seine Meinung,»nicht ordentlich genug« zu sein übernommen und glaubt daher von sich, nicht »gut genug« zu sein, so wie sie ist.
- Aus ihrer Haltung »nicht gut genug« zu sein, hat sie *seine* Werte, seine Meinungen für sich übernommen, um keinen Anlaß für Konflikte oder Widerspruch zu bieten. Wenn sie sich am Mann orientiert, kann sie nichts falsch machen! Sie will ihn außerdem durch ihre Unterwerfung und Anpassung unbewußt dazu verpflichten, bei ihr zu bleiben.

Dadurch ermöglicht sie ihrem Mann, sie schlecht zu behandeln, *ohne* daß er mit Konsequenzen für sein Verhalten rechnen muß. Er kann seine Spannungen an ihr ablassen, sich auf ihre Kosten erhöhen und sich somit stabilisieren.

> *Wenn du dich selbst abwertest,*
> *gibst du dem anderen eine Chance,*
> *dich ebenfalls abzuwerten.*

Die Herausforderungen der jungen Frau in ihrer gegenwärtigen Situation liegen darin
- zu erkennen, daß sie selbst einen Anteil an der Situation hat.
- Sie muß »stop« sagen und ihrem Mann Grenzen setzen, auch wenn ihr das schwerfällt.

Natürlich wird er nicht beim ersten Mal glauben, daß sie es ernst gemeint hat. Er wird weiterhin an ihr herumnörgeln. Doch wenn sie darauf vorbereitet ist, dann kann sie sich darauf einstellen und konsequent bleiben.

Es geht nicht darum, daß sie nun gegen ihn kämpft. Wenn er zum Beispiel sagt:»Die Wohnung ist heute nicht sehr ordentlich.« Dann kann sie einfach sagen:»Es stimmt«, anstatt sich wie bisher zu rechtfertigen und zu verteidigen.

Er wird sie voraussichtlich weiter kritisieren. Wichtig ist, dann *nicht* anzugreifen, sich *nicht* zu verteidigen, sondern ihm den Wind aus den Segeln zu nehmen, indem sie aktiv und selbstverantwortlich handelt. Sie kann zum Beispiel zu ihm sagen:»Ich bin gekränkt, wenn du mich so behandelst. Ich möchte nicht, daß du in dem Ton mit mir sprichst.« Oder sie kann seine Sachen in der Wohnung liegen lassen, wenn es sein muß tagelang, damit er erkennt, daß sie nicht dafür da ist, ihm nachzuräumen. Sie kann anfangen, Spaß daran zu finden, aus der passiven Ecke herauszukommen und aktiv Verantwortung für ihr Leben zu übernehmen. Dann fühlt sie sich nicht mehr als Opfer und braucht sich für ihr Tun nicht mehr zu rechtfertigen.

Übung:
Wählen Sie eine Situation aus, in der Sie sich wiederholt als Opfer erleben und beschreiben die Situation genau.
Wie fühlen Sie sich als Opfer? Was denken Sie über sich? Was wollen Sie von anderen?
Welche Möglichkeit haben Sie, sich in dieser Situation konstruktiver zu verhalten? – Wie könnte das aussehen? Welche Konsequenzen würde das mit sich bringen? Was könnte Ihnen schlimmstenfalls passieren? Was könnte Ihnen bestenfalls passieren?
Welche Fähigkeiten entwickeln Sie, wenn Sie sich das nächste Mal in der bekannten Situation anders verhalten?
Tun Sie's! Oder lassen Sie's, wenn Ihnen die Konsequenzen im Moment zu hoch erscheinen!

Geben Sie sich die Erlaubnis, Ihr Leben aktiv und konstruktiver zu gestalten!
Sie haben ein Recht auf Ihre eigenen Bedürfnisse und Wünsche!
Sie haben ein Recht darauf, sich zu freuen und Ihr Leben zu genießen!

In einem Zustand der Freude
seid ihr erfüllt und vollständig;

Leben, Weisheit und Kreativität
fließen wie ein mächtiger Strom
durch euer Sein.
Im Zustand der Freude
seid ihr auf höchste Weise inspiriert
und könnt am tiefsten fühlen.

Ramtha

Rache ist süß

BEISPIEL:
Monika schrieb an ihrer Diplomarbeit. Sie jobbte nebenbei, da sie für ihren Lebensunterhalt selbst aufkommen mußte. Ihr Partner interessierte sich nicht besonders für ihre Diplomarbeit, er wollte mehr Zeit mit ihr verbringen. Gelegentlich fragte er:»Na, wann bist du endlich mit deiner Arbeit fertig?«, mit diesem süffisanten Unterton in der Stimme, der Monika stets suggerierte:»Wirst wohl nie fertig mit deiner Arbeit.«

Sie reagierte höflich bis ungeduldig auf diese Frage, je nach Stimmung. Eines Tages waren sie auf der Fahrt zu einem gemeinsamen Freund, der sie in ein vornehmes Restaurant zum Essen eingeladen hatte. Unterwegs stellte Dieter ihr wieder dieselbe Frage mit dem bekannten Unterton. Da sagte sie zu ihm:»Ich möchte nicht, daß du so über meine Arbeit sprichst. Ich bitte dich, damit aufzuhören.«

Sie saßen im Restaurant. Es war vornehm, gesittet, leise. Da fragte der Freund:»Na, was macht deine Diplomarbeit?« Doch ehe Monika etwas sagen konnte, lachte Dieter und sagte:»Das ist eine unendliche Geschichte. Sie wird nie damit fertig.« Monika überlegte für eine Sekunde, was sie tun sollte und beschloß blitzartig, Dieter ein Zeichen zu setzen. Sie holte tief Luft und schrie so laut sie konnte:»So redest du nie wieder im Leben mit mir.« Alle im Raum starrten sie an. Ihr Partner bekam einen hochroten Kopf und war völlig verwirrt. Monika hingegen war zutiefst befriedigt und erleichtert...

Monika nahm scheinbar geduldig hin, daß ihr Partner ihren zeitlichen Aufwand bei der Diplomarbeit immer wieder kritisierte.

Sie fühlte sich in ihrer Art zu arbeiten nicht geachtet.

Sie war gekränkt und verletzt, daß er das, was für sie von elementarer Bedeutung war, so wenig akzeptierte und teilte ihm dies spät, aber doch unmißverständlich mit.

Dieter überhörte dies und glaubte, im Vertrauen auf ihre Zurückhaltung, die Situation im Restaurant für seine Seitenhiebe nutzen zu können.

Monika beschloß kurzfristig, ihm eine Lehre zu erteilen, und entgegen ihrer »guten Kinderstube« brüllte sie ihn im Lokal an. Mit dieser spontanen, bewußten Rache erlangte sie ihre Selbstachtung zurück und zeigte ihm, daß sie sich seine Mißachtung nicht länger gefallen ließ.

Er war verwirrt, weil sie vom bisherigen berechenbaren Verhalten abgewichen war und sich somit seiner Kontrolle entzogen hatte.

Grundbedingungen der *Erziehung zu Weiblichkeit* zu erfüllen heißt:

Verletzungen, Kränkungen, Frechheiten des Mannes mit engelsgleicher Geduld, zurückhaltender Höflichkeit, Gleichmut oder dem Eingeständnis eigener Schuld und Inkompetenz hinzunehmen.

Ja nicht das Tabu verletzen, den Mann kritisieren oder gar kränken! Freundlich bleiben, auch wenn's zum Weinen ist, lachen, wenn die Wunden weh tun! Stillsein, wenn man schreien möchte! Und wozu? – Um sich nicht zu verlieren und um sich selbst nicht zu exponieren.

Es muß viel an Kränkung und Erniedrigung passiert sein, bis eine Frau sich aktiv rächt. Frauen zeigen zuerst auf die verschiedensten anderen Weisen ihre Betroffenheit, indem sie beispielsweise beleidigt sind, wütend werden, weinen, auf ihre Kränkung hinweisen; doch wenn alles Reden nichts nützt, der Mann sie weiterhin genüßlich auf ihre Schwachstellen aufmerksam macht, sie lächerlich macht oder nicht ernst nimmt, wenn er weiterhin schweigt oder auf andere Art seine Höherwertigkeit demonstriert und durch diese Verhaltensweisen auch seine Unsicherheit versteckt, wenn er die Frau weiterhin mißachtet, dann greift sie zur Rache als letztes verfügbares Mittel, die verletzte Würde auszugleichen und wiederherzustellen.

Rache hat also mit Zurechtrücken von ungleichen Positonen zu tun.

Rache ist eine zielgerichtete Reaktion auf Abwertung, die ganz unterschiedliche Formen annehmen kann, je nachdem wie die erlittene Abwertung persönlich aufgefaßt wurde und welche konkreten Handlungsmöglichkeiten der abgewerteten Person zur Verfügung stehen.

Meist gehört es zur Rache, auf erlittene Kränkungen indirekt zu reagieren, zum Beispiel:

Gerlinde rächt sich an ihrem Freund, indem sie sich sexuell verweigert.

Irmgard läßt sich scheiden und preßt gerichtlich soviel Geld wie möglich aus ihm heraus.

Ilka vergißt, seine Kleidung aus der Reinigung abzuholen.

Carmen schläft mit einem anderen Mann.

Margarete verliert den Ring, den er ihr zum Geburtstag geschenkt hat.

Evelyn wird krank, als Hansjörg sich von ihr trennen will.

Rache ist eine Form, sich zu wehren; sie ist dennoch reaktiv, will Vergeltung, Genugtuung und Ausgleich schaffen, steht letztlich unter dem Motto: »Haust du mich, hau' ich dich.« Rache geht nicht an die eigentlichen Wurzeln und Ursachen der Kränkungen, zeigt aber dem Mann Grenzen auf. Das ist schon viel, denn dadurch signalisiert die Frau: »Vorsicht, mit mir kannst du nicht alles machen.« Wenn auch auf indirekte Weise, so greift sie den Mann an und weist ihn auf ihre Würde hin.

Manchmal nehmen Frauen gedanklich Rache
...»Es tut mir unendlich gut, wenigstens in Gedanken meinen Chef zur Sau zu machen oder ihm übel mitzuspielen«,

berichtet Annemie, »da steche ich ihm die Reifen auf und beobachte, wie er zum Auto rennt, weil er schnell zu einem Kunden fahren muß. Ich freue mich, daß er sich ärgert und nicht weiß, wer ihm den Schaden zugefügt hat.«

In England wurde eine alte Dame an ihrem sechzigsten Hochzeitstag gefragt, ob sie nie an eine Scheidung von ihrem Mann gedacht habe. »Nein«, antwortete sie, »an Scheidung nie, aber an Mord oft.« Rache in der Fantasie kann brutal sein und hat eine psychohygienische Funktion. Sie ermöglicht es, auf ungefährliche Weise die erlittene Selbstwertkränkung teilweise auszugleichen, ändert aber nichts an der ursächlichen Situation der Kränkung.

Selbst ist die Frau

Michaela ist erfolgreich, diskussionsfreudig, streitet gern. Sie bewohnt eine große Wohnung, ist handwerklich geschickt und sehr unabhängig. Sie ist patent und beliebt. Auf der anderen Seite ist sie weich, verletzlich, empfindsam. Diese Seite zeigt sie nur wirklich guten Freunden. Bei allen anderen schützt sie sich vor ihrer Verletzlichkeit durch ihre betonte Unabhängigkeit. Sie hat Angst vor Nähe, sie ist abhängig von ihrer Unabhängigkeit. Daher kann sie sich auch nicht auf einen Mann einlassen und wehrt Männer ab: »Da kann ich nicht so leben, wie ich will.«

Für mich drückt sich in dieser Haltung, die ja eine große Selbständigkeit beinhaltet, auch die Angst aus, abhängig zu sein. Die Frau will sich nicht binden, weil sie um ihre Freiheit fürchtet. Das kann eine Trotzhaltung den Männern gegenüber sein, sie will beweisen, daß sie alles mindestens genauso gut kann. Sie verleugnet dadurch ihre weiche, weibliche Seite. Sie hat noch nicht die Wahl ihres Verhaltens – sie muß zwanghaft unabhängig sein und kämpft daher ständig mit Männern, die sich für sie interessieren. Sie muß ihnen zeigen, daß sie nicht auf Männer angewiesen ist, daß sie alles selbst kann – und ist dennoch unzufrieden, weil sie dadurch alle vergrault.

Keinen Mann um jeden Preis!

»Wozu brauch' ich einen Mann?« fragt Christine, Buchhänd-lerin. Sie ist 44, ist seit fünf Jahren geschieden. »Die ganzen Auseinandersetzungen um den Haushalt, um die Arbeit, um den gemeinsamen Urlaub! Das kenn' ich, und das will ich nicht mehr. Einen Mann? Nein, danke.«

Christine ist froh, endlich ihre Ruhe zu haben. Sie hat inzwischen mehrere alleinlebende Freundinnen, die sie re-gelmäßig trifft. Mit ihnen geht sie zum Skilaufen, zum Essen, in die Sauna, ins Kino, in Konzerte. Mit ihnen tauscht sie ihre Gedanken und Gefühle aus, fühlt sich angenommen und verstanden. Ihr geht es allein gut, sie fühlt sich wohl und entspannt. Hätte sie das während ihrer Ehe gedacht?

»Nein, niemals. Ich war so auf die Rolle der Ehefrau hin erzogen worden, dachte ›ohne Mann bin ich nur die Häfte wert‹. Meinen Beruf hab' ich nur gelernt, um die Zeit zwi-schen Schule und Ehe zu überbrücken.« Wieso ist ihre Ehe zu Ende gegangen?

»Ingo war ein sehr charmanter Hallodri. Er war Rechtsan-walt, hatte einen unregelmäßigen Job... ich war damals un-glaublich naiv, habe ihn bewundert und seine unterschiedli-chen Launen in Kauf genommen; auch seine Lügen. Selbst, wenn ich Lippenstift an seinem Hemdkragen gefunden hab', hab' ich's gewaschen, ohne etwas zu sagen. Ich dachte, daß er nicht denken soll, ich sei eifersüchtig. Tatsächlich habe ich angefangen, ihm zu mißtrauen. Schließlich habe ich im Büro Kontrollanrufe gemacht, um zu wissen, ob er die Wahr-heit gesagt hat. Oder ich bin mit dem Auto abends ums Haus, in dem das Büro lag, gefahren und habe geschaut, ob Licht gebrannt hat; wenn keins gebrannt hatte, dann wußte ich, daß er mich angelogen hatte! Von Freunden erfuhr ich, daß er gelegentlich mit anderen Frauen ausgegangen war. Ich war sehr verletzt über seine Unehrlichkeit und als Frau tief getroffen, aber ich sagte lange nichts. Ich wußte auch nicht, wie. Doch dann änderte sich das und ich mußte ihn fragen, wo er so lange war; da hat er die unglaublichsten Ausreden erfunden, mich in die Arme genommen und war so liebevoll zu mir, daß ich nichts mehr sagen konnte. Er war dann ein paar Tage nett, dann kam er abends wieder sehr spät und war ziemlich abwesend. Ich kam mir vor wie in einem emotionalen Wechselbad, durch das mein Selbstwertgefühl immer auf und ab ging, je nachdem, wie er mich behandelte!

Ich wollte, daß er sich mir gegenüber klarer und eindeutiger verhielt. Ich wollte, daß *er* etwas tat, damit *ich* wußte, wie ich dran war. Und dann?

»Ich war von unserer Ehe zunehmend enttäuscht und überlegte, ob ich so weiterleben wollte und wie ich mein Leben sinnvoller gestalten könnte. So fing ich an, zuerst halbtags wieder zu arbeiten. Ingo war geschockt, daß ich ›etwas dazuverdienen‹ wollte. Dabei ging es mir um finanzielle Unabhängigkeit. Ich wollte nicht mehr auf seiner Tasche liegen und auf ihn angewiesen sein. Er belächelte meine ›rührenden Emanzipationsversuche‹. Das hatte mich angestachelt, ganztags zu arbeiten.

Ich wurde zunehmend selbstbewußter, womit er überhaupt nicht fertig wurde. Er warf mir vor, daß ich das Haus nicht sauberhalte, daß ich mich nicht genug um ihn kümmern würde, daß ich so egoistisch geworden sei und nur noch an meinen Beruf dächte! Mir war klar, daß er mich dadurch wieder auf die innerhäusliche Zweisamkeit verpflichten wollte, doch das wollte ich nicht mehr. Und als ich ihm voller Freude berichtete, daß ich die Buchhandlung kaufen könnte, weil der alte Besitzer in Ruhestand gehen wollte, lachte er nur und fragte. ›Womit denn?‹ Also ging ich zur Bank, ließ mich beraten, bekam einen Kredit... und hatte den Laden.

Ingo konnte den Erfolg seiner Frau nicht ertragen, kränkte sie auf Schritt und Tritt. Christine war aber inzwischen so selbstbewußt geworden, daß sie sich scheiden lassen wollte.

»Mir geht es so gut, ich bin so ausgefüllt wie lange nicht mehr, ich genieße mein Leben, so, wie es jetzt ist.«

»Was ist mit meinem Mann?«

»Das fragen alle. Als ob eine Frau nicht alleine glücklich

sein könnte! Ich möchte jetzt *mein* Leben genießen, mich selbst entdecken und dafür brauche ich meine ganze Energie. Ich habe keine Lust mehr darauf, in einer Beziehung nur zu geben und den Schuhabstreifer für die schlechten Launen eines Mann zu spielen. Für mich gibt's im Moment Wichtigeres als einen Mann: mich selbst.«

Auch Christine hatte in ihrer Erziehung zur Weiblichkeit gelernt auf den Märchenprinz, der sie ins Land der immerwährenden Liebe entführen sollte, zu warten. Ingo war dieser Mann, zu dem sie aufblickte, den sie bewunderte. Sie ertrug seine Launen und Lügen, denn sie hatte gelernt, den Mann zu schonen, auf ihn Rücksicht zu nehmen. Um seine Nähe zu erhalten, um seine Liebe nicht zu verlieren, schwieg sie geduldig und litt stumm. Sie hatte Angst davor, daß er eine andere Frau ihr vorziehen würde und sich von ihr trennen wollte. Durch seine wechselhaften Gefühlslagen kontrollierte er ihre Gefühle, so daß er in der Beziehung die Macht über sie behielt. Sie fühlte sich hin- und hergerissen und erhoffte von *ihm* eine eindeutige Entscheidung. Schließlich wendete sie ihre Aufmerksamkeit nach innen und fragte sich: Will ich so weiterleben? Was kann ich tun, um für mich zufriedener zu sein? Ihre materielle Unabhängigkeit und die Bestätigung für ihr Können gaben ihr Selbstvertrauen und Selbstbewußtsein, was Männer verunsichert, weil ihre Macht dadurch in Frage gestellt wird. Ingo nahm sie zunächst nicht ernst, dann reagierte er ärgerlich. Sein Ärger gipfelte darin, daß er ihr keine finanzielle Unterstützung für den Laden gab. Dadurch glaubte er, sie wieder kontrollieren zu können! Daß Christine die ganze finanzielle Seite des Buchladens selbst auf die Reihe brachte, gab ihr weiteres Selbstvertrauen. Sie hatte sich bewiesen, daß sie sich auch in einer männlichen Domäne, den Finanzen, durchsetzen konnte. Sie überlegte, welchen Sinn ihre Ehe noch hatte und reichte die Scheidung ein. Durch ihre Freundinnen erhält sie Wärme und Zuspruch und steht ihnen mit Rat und Tat zur Seite. Sie erlaubt sich, ihr eigenes Leben, unabhängig von einem Mann, zu leben und freut sich, daß sie erfolgreich und zufrieden ist.

Alleine leben ist heute für Frauen und Männer eine Lebensform unter mehreren anderen, eine Lebensform, die es noch nicht sehr lange gibt, die nun zunehmend gesellschaftlich akzeptiert wird und nicht mehr gerechtfertigt werden muß. Der Makel der alleinlebenden Frau, sie habe »keinen abgekriegt«, ist weitgehend verschwunden, leben doch immer mehr Frauen und Männer allein.

Ich kenne Frauen, die allein leben, aber lieber mit Partner zusammenleben würden. Dabei kann die Zeit des Alleinseins auch als Zeit verstanden werden, zu sich selbst zu finden: Eigene Lebensvisionen kreieren und danach leben, Fähigkeiten entfalten und erproben, eigene Energien und Kräfte spüren, sich akzeptieren, der inneren Wahrheit folgen, Einsamkeit in Alleinsein transformieren, die Fülle der Stille erspüren, Freude teilen, Freundschaften zu anderen Menschen bewußt pflegen und vertiefen, Selbst-Bewußtsein und Unabhängigkeit erlangen, sich Ziele setzen und erreichen, alte Vorstellungen, wie das Leben zu sein hat loslassen, das sind die Chancen des Alleinlebens.

Die Fülle der Stille genießen,
und die Glückseligkeit ist da.

Frauen untereinander

Ich stelle immer wieder fest: Wenn sich mehrere Frauen miteinander unterhalten und ein Mann kommt hinzu, dann dreht sich binnen kurzer Zeit alles mehr oder weniger um ihn.

Sie schauen den Mann öfter an, bitten nonverbal um seine Anerkennung und Zustimmung. Sie sind Rivalinnen um die Gunst des Mannes, sie wollen ihm gefallen, von ihm aufgewertet und auserkoren werden. Also wetteifern sie untereinander. Zudem kommt in dieser Situation die Frauenverachtung der Frauen verstärkt zutage, die sie aufgrund der gesellschaftlichen Höherwertigkeit des Mannes verinnerlicht haben.

»Frauen untereinander – oh je, oh je«

Frauen erlauben es sich, andere Frauen stellvertretend für den Mann zu kritisieren, sie damit auch abzuwerten, weil es herkömmlich ein Tabu darstellt, den Mann als Wertsetzer zu kritisieren. Frauen sind eher geneigt, die »schlechten« Seiten von anderen Frauen zu sehen als die »positiven«. Sie werten das Können anderer kompetenter Frauen eher ab, als daß sie es anerkennen, verhalten sich anderen Frauen gegenüber wenig solidarisch.

Der *Neid der Frauen* auf eine kompetente Frau kann dazu führen, daß an dieser Frau kein gutes Haar gelassen wird, daß hintenherum schlecht über sie geredet wird oder daß sie nicht die Anerkennung erhält, die sie aufgrund ihrer Leistungen verdienen würde. Dabei kann Neid ja ein durchaus positives Gefühl sein, zeigt es einer Frau doch auf, was sie selbst gern tun würde. Das heißt, wenn sie ihren Neid akzeptiert und auf ihn hört, dann zeigt er auf, in welche Richtung ihre eigene Entwicklung gehen kann.

Manchmal identifizieren sich Frauen sehr stark mit männlichen Werten. Wie das aussehen kann, soll folgendes BEISPIEL zeigen:

In einem Frauenseminar identifizierte sich Rita, 32, eine sehr intelligente, beruflich erfolgreiche Frau in einem Elektrounternehmen, stark mit den männlichen Werten wie Durchsetzung, Konkurrenz. Diese Haltung unterstrich sie durch ihre klare, abgrenzende Sprechweise. Sie zeigte den anderen Frauen wiederholt, daß sie »recht hatte«, sie argumentierte, kritisierte, intellektualisierte auf hohem Niveau und wehrte dadurch Gefühle massiv ab. Schließlich sagte Sabine, 27, zu ihr: »Für mich hat es keinen Sinn, mit dir zu diskutieren. Ich fühle mich dir ständig unterlegen, allein durch mein feminines Aussehen, durch meine Art zu reden und Gefühle zu zeigen. Du willst uns allen beweisen, daß Frauen minderwertig sind. Du siehst aber nicht, daß du selber eine Frau bist.« Nachdem Sabine ausgesprochen hatte, was sie dachte und wie sie sich Rita gegenüber gefühlt hatte, hatten auch andere Frauen den Mut, über ihre Gedanken und Gefühle zu reden, und Rita bekam die Gelegenheit für ein ehrliches Feedback, das sie sehr nachdenklich stimmte. In einer gemeinsamen Reflexion über den Seminarverlauf konnten die Teilnehmerinnen erkennen, daß die Haltung von Rita sie alle schon lange genervt hatte, sie aber den offenen Konflikt vermeiden wollten und so taten, als ob alles harmonisch verliefe.

Desweiteren stellten sie fest, daß Kritikäußerung am Verhalten anderer konstruktiv sein kann.

Haben Frauen aber erst einmal entdeckt, wie angenehm und erleichternd es ist, mit anderen Frauen offen zu reden, merken sie, wieviel sie sich gegenseitig an Verständnis und Unterstützung, an Wärme geben können.

Ich hätte meine Doktorarbeit ohne den Zuspruch und das Mitgefühl guter Freundinnen nie zu Ende gebracht. Sie haben mich aufgefangen, wenn ich nicht mehr weiter wußte und mir Mut gemacht, »am Ball zu bleiben«, indem sie mich an meine Fähigkeiten erinnert haben. Sie haben mir Anregungen und emotionale Unterstützung gegeben, dafür bin ich ihnen sehr dankbar.

FAZIT:

Wie sich die Erziehung zur Weiblichkeit in unserer Gesellschaft im Leben von Frauen auswirken kann, habe ich an den vorangegangenen Beispielen exemplarisch aufgezeigt. Frauen handeln so, wie sie es aufgrund ihrer individuellen und geschlechtsspezifischen Entwicklung gelernt haben.

Obwohl die starren Rollenbilder ins Wanken geraten sind und immer mehr Frauen ihr eigenes Leben gestalten, sind Frauen nachhaltig von den patriarchischen Verhältnissen geprägt; vorgeformte Rollenbilder geben Sicherheit, Ordnung, Orientierung, aber sie engen auch ein, beschränken den Erfahrungshorizont, führen zu automatisierten Denk- und Verhaltensweisen. Vielen Frauen ist gemeinsam,

- daß sie den Mann zum Mittelpunkt ihres Lebens machen,
- daß sie sich am Mann orientieren,
- daß sie Rücksicht auf ihn nehmen, ihn schonen,

- daß sie eine immense Belastbarkeit aufweisen,
- daß sie Kränkungen über lange Zeit geduldig hinnehmen,
- daß sie glauben, nicht gut genug zu sein,
- daß sie nicht direkt wütend werden dürfen, aber vielerlei Weisen entwickelt haben, sich indirekt zu wehren.
- daß sie sich zum Teil selbst verleugnen.

Frauen haben gelernt, dem Mann den ersten Platz in ihrem Leben zuzusichern und sich zurückzustellen. Wenn frau sich an diese vorgefertigten, konventionellen Verhaltensweisen hält, wird sie langfristig unzufrieden, weil sie ihre eigenen, individuellen Fähigkeiten – jenseits des weiblichen Rollenbildes nicht zum Ausdruck bringt – ihre Lebensfreude, Spontaneität, Intuition, ihre innewohnende Spiritualität, Liebe und vieles mehr. Dabei paßt es ins Bild der heutigen Frau,
- eigene Ziele zu entwickeln,
- sich für die eigenen Belange stark zu machen und danach zu handeln,
- sich direkt zu wehren,
- eine eigene Meinung zu haben und diese zu vertreten,
- selbständig zu sein.

Im folgenden möchte ich die Antwort auf zwei Fragen geben:
a) Was hat die Frau davon, den Mann zu idealisieren und sich mit dem zweiten Rang zu begnügen?
b) Wie geht sie mit ihren Kränkungen, Verletzungen und ihrer Selbstverleugnung um?

Wozu idealisiert die Frau
den Mann?

Frauen erhoffen und erträumen sich das Unmögliche: Daß ein Mann, nämlich der richtige, endlich ihre Bedürfnisse, Erwartungen und Wünsche befriedigen und sie so lieben soll, wie diese es sich vorstellen. Der Mann soll sie bestätigen, anerkennen, auf Händen tragen, fürsorglich, aufmerksam, verständnisvoll und zärtlich sein. Der Mann soll ihre Karriere unterstützen, im Haushalt mithelfen, soll sich emanzipieren, nicht nur für seinen Beruf leben, aber dennoch genug Geld verdienen; er soll seine Gefühle offen zeigen und ausdrücken können, ohne ein Softie zu sein. Zudem soll er humorvoll und dennoch souverän und überlegen handeln. Kurz: Ein Mann soll vollkommen sein – ein Märchenprinz eben!

Damit die Frau sich an ihn anlehnen kann. Mit dem Glauben an die Überlegenheit des Mannes und der realen Präsenz der Männer auf allen wichtigen Posten, haben Frauen gelernt, sich nur dann vollwertig zu fühlen, wenn sie mit einem Mann zusammen sind.

Wir Frauen idealisieren Männer und wollen von denen erlöst werden, die uns durch ihr konkretes Verhalten tagtäglich auf unsere Zweitrangigkeit hinweisen! Gleichzeitig verachten wir Männer dafür, daß wir sie als höherwertig betrachten und beweisen ihnen, daß sie weder überlegen noch höherwertig sind, zerren an dem Sockel, auf den sie sich und wir sie gestellt haben und kratzen damit an ihrem wohlpolierten Ego. »Ich reize meinen Mann gelegentlich solange, bis er endlich eine Wut kriegt. Wenn er dann wütend ist, freue ich mich innerlich, daß er doch nicht so über allen Dingen steht, wie er sich so gerne darstellt«, erzählt Martha, eine ältere Dame, deren Mann Psychotherapeut ist und sich gerne als erhabener »Guru«, jenseits von allen »niedrigen«

Gefühlen, präsentiert. »Dann hab' ich erreicht, was ich wollte und kann wieder eine Weile gut mit ihm auskommen.«
Die Idealisierung des Mannes dient der Frau dazu,
- das weibliche Minderwertigkeitsgefühl auszugleichen,
- das Selbstwertgefühl zu stabilisieren,
- an seiner Macht teilzuhaben.

Der Preis dafür ist hoch:
- Mit der Idealisierung des Mannes übernimmt die Frau dessen Werte und Vorstellungen. Die unterlegene Position gibt ihr Sicherheit.
- Das Selbstwertgefühl der Frau bleibt dabei abhängig vom Mann, also von außen.
- Mit der Idealisierung des Mannes übergibt sie ihm die Verantwortung und stellt sich unter seinen Schutz. Dafür will sie von ihm geliebt und anerkannt werden.
- Gleichzeitig wird sie wütend auf ihre Abhängigkeit und ihr Angewiesensein auf den Mann, der nun die Macht über sie hat.
- Sie verzichtet auf einen Teil ihrer Realität, auf ihre Selbständigkeit, auf ihre Selbstbestimmung, auf ihre Verantwortung, auf ihre Freiheit und Lebendigkeit... Dabei hat sie Sehnsucht nach Selbständigkeit und hat zugleich Angst davor. Dabei hat sie Sehnsucht nach Freiheit und hat zugleich Angst davor.

Zudem merkt jede Frau im Lauf ihrer Beziehung zu einem Mann, daß dieser keineswegs so überlegen ist, wie sie geglaubt hat, und daß er keineswegs ihre Erwartungen und Bedürfnisse erfüllt. Warum sollte er? Er ist doch dazu erzogen worden, daß frau auf *ihn* eingeht.

Jeder Traum vom Märchenprinzen platzt früher oder später, weil es Märchenprinzen eben nur im Märchen gibt. Dann aber fühlt sich die Frau doppelt enttäuscht:
a) einmal, weil *sie* ihn bewundert, auf den Sockel gestellt und alles für ihn getan hat. Nun erkennt sie, daß er diesem idealen Bild nicht entspricht, sondern daß er ein Mann aus Fleisch und Blut und nicht ihr Ritter ohne Fehl und Tadel ist,
b) zum andern, weil sie erkennt, daß er sie nicht erlösen

kann. Aber: Wer soll sie dann von ihrem Minderwertigkeitsgefühl erlösen, wenn es der Mann nicht kann?

Was tut frau dann?

Die Frau wird sauer auf den Mann, von dem sie die Rettung
erwartet und erhofft hat. Nun läßt sie kein gutes Haar mehr
an ihm. Erst hat sie ihn in den Himmel gehoben – nun zur
Hölle mit ihm! Erst hat sie ihn auf den Sockel gestellt – nun,
runter damit! Erst war der Mann das Ideal schlechthin, nun
wird er zum deklarierten Feind! Er ist jetzt an allem schuld.
Sie kämpft *gegen* ihn und will ihr verletztes Selbstwertgefühl
wiederherstellen. Doch der ganze Kampf nützt nichts! Gerade durch den Kampf gegen ihn, bindet sie sich an ihn und
akzeptiert ihn weiter als Instanz, von der sie Anerkennung
bekommen will.

Auf diese Weise verpufft die Frau viel Energie, die sie für
ihre eigene Entwicklung brauchen könnte!

Im Grunde wäre diese Ent-Täuschung die beste Voraussetzung für eine wirkliche Partnerschaft, wenn da nicht weiterhin das Ideal der »großen« Liebe im Kopf herumspuken
würde. »Das war nicht der richtige Mann!« sagt sie und »beim
nächsten Mann wird alles anders.« Pustekuchen!

Solange die Illusion vom Märchenprinzen, diesem *einen*
richtigen, idealen Mann aufrecht erhalten wird, solange wird
jede Beziehung problematisch! Solange die Aufmerksamkeit
der Frau einseitig auf den Mann gerichtet bleibt, richtet sie
sich nach ihm und bleibt von ihm abhängig.

**Die Chance zu einem erfüllten, freudvollen, befriedigen-
den Leben hat eine Frau dann, wenn sie sich radikal und
bewußt mit sich selbst auseinandersetzt. Dazu muß sie
ihre Aufmerksamkeit um 180 Grad drehen – weg vom
Mann, hin zu sich selbst!**

Dann erst kann sie sich mit ihren Bedürfnissen, Wünschen,
Idealen, Sehnsüchten, unrealistischen Erwartungen und
Überzeugungen, der ganzen Bandbreite ihrer Gefühle auseinandersetzen und weiß, daß sie für ihr Leben selbst verantwortlich ist, daß sie niemandem die Schuld für irgend

etwas zuschieben kann! Frauen haben sich so lange um andere gekümmert, nun wird es Zeit, daß sie sich auch um sich selbst kümmern.

Die transformatorische Kraft der Wut

Wut kann als Reaktion auf eine Frustration, eine Verletzung oder Kränkung verstanden werden. Sie kann gefühlt, körperlich ausgedrückt und/oder verbalisiert werden.

Quellen der Wut
a) Während Buben in ihrer *Erziehung* dazu ermutigt werden, sich aggressiv anderen gegenüber durchzusetzen, Kampf und Konkurrenz fast schon zum guten Ton gehören, werden Mädchen zum Gehorsam, zur Rücksichtnahme erzogen. Diese Erziehung geht nicht ohne schwierige innere und äußere Kämpfe vor sich. Wer mag es schon gerne, auf die eigenen Gefühle und Bedürfnisse zu verzichten und Dinge zu tun, die man ursprünglich gar nicht will? Wer will die eigene Lebendigkeit und Lebensfreude dem Gehorsam opfern?

Kinder werden wütend, wenn sie in ihrem Sein mißachtet werden. Eltern wissen oft nicht, wie sie mit kindlicher Wut umgehen sollen und betrachten diese als persönliches Versagen in der Erziehung, werden dadurch strenger, bestrafen wütende Kinder stärker, schreien sie an, ignorieren sie, drohen, schlagen sie oder sperren sie vor die Türe.

Liebesentzug wirkt!

... Und so lernt das Mädchen, daß sie brav zu sein hat, daß Wut demzufolge schlecht und böse ist und ihre eigene ›Schuld‹. Wenn Wut nicht gezeigt werden darf, dann wird sie unterdrückt und verdrängt und kommt in den verschiedensten Formen wieder zutage.

b) Zur individuellen Seite kommt noch die *gesellschaftliche Seite* der Medaille: Das Gefühl anerzogener weiblicher Zweitrangigkeit führt zur Selbstverachtung der Frau.

Aber: Warum wird eine Frau aufgrund ihrer Geschlechtszugehörigkeit als minderwertig angesehen? Warum sollte sie zum Dienen geboren sein? Warum sollte sie sich unterordnen und dem Mann anpassen? Warum sollte sie seine Launen freundlich ertragen? Warum sollten ihr berufliche Positionen verwehrt werden? Warum sollte sie nicht fachkompetent sein?

Ein Mann versteht oft die innere und äußere Realität der Frau nicht, spürt nicht, wer sie wirklich ist. Sie fühlt, daß ein Tei ihres Wesens vom Mann mißachtet wird und wird innerlich wütend auf ihn.

Die Frau wird wütend, wenn sie realisiert und bewußt erkennt, wie oft sie von Männern und Frauen am eigenen Ausdruck gehindert oder beeinträchtigt wird und wie leicht es ist, sie einzuschüchtern und zu beeinträchtigen. Es genügt ein Satz des Mannes, wie: »Du bist zu emotional!« Und schon ist die Frau wieder bereit, die Schuld bei sich zu suchen und alles zu tun, um diesen Makel auszugleichen. Schon zweifelt sie wieder an der Richtigkeit ihres Denkens und Verhaltens. Sie zweifelt an sich, nicht an der Aussage des Mannes! Er kann ihr vorschreiben, wie sie sich zu fühlen hat und ist damit in der überlegenen Position, und sie läßt es zu. Frauen schonen den Partner, weil sie es so gelernt haben. Frauen schonen den Partner, weil sie keine alternativen Verhaltensweisen gelernt haben und keine Vorbilder hatten, die es anders vorgemacht hätten.

Frauen schonen Männer, um sich selbst zu schonen! Sie brauchen sich nicht ihren unangenehmen Gefühlen zu stellen, müssen sich nicht mit ihren Ängsten auseinandersetzen, die auftauchen, wenn sie sich für ihre eigene Wahrheit einsetzen.

Wütend zu sein ist ein Gefühl, das besonders bei Frauen gesellschaftlich geächtet wird. Ich halte es daher für sehr wichtig, daß Frauen ihre eigene Wut erkennen und akzeptieren, da sie dadurch wieder in Verbindung mit einem großen Teil ihrer Energie kommen.

Wie kann sich nun weibliche Wut äußern?

Grundsätzlich kann sie in zwei Richtungen gehen: nach außen und nach innen. Sie kann direkt oder indirekt ausgedrückt werden. Da Frauen der direkte Ausdruck ihrer Wut weitgehend verwehrt wurde, drücken sie diese Wut indirekt aus:

a) *nach außen:*
- Abwerten anderer:»Du bist so gemein...«
- Schuldzuweisung:»Du bist schuld an meinem Unglück!«
- Schadenfreude:»Er ist nicht befördert worden, geschieht ihm recht!«
- Rache
- Aufopferungshaltung und Leiden:»Sieh nur, wie schlecht es mir geht!«
- Beleidigtsein, Rückzug
- Versagen aus Trotz:»Geschieht meinen Eltern recht, wenn ich keinen richtigen Beruf hab', wären sie netter zu mir gewesen, dann wüde ich ihnen zuliebe was lernen!«
- Vergessen:»Liebling, ich habe vergessen, X anzurufen!«
- Zurückhalten von Informationen
- Weinen, Schreie
- übertriebene Hilfsbereitschaft
- Vorwurfshaltung, Nörgeln an Kleinigkeiten
- Schläge

b) *nach innen*:
- Selbstentwertung:»Ich kann nicht... weil«,»Ich bin zu blöd, ich bin zu jung, zu alt, zu dick...«,»Ich bin nur eine Frau!«
- Selbstvorwürfe, Kritik:»Ich mach' alles falsch!«
- Schuldgefühle:»Ich bin schuld, daß... passiert!«,»Ich bin schuld, daß mein Mann schlechte Laune hat.«,»Ich bin schuld... wenn ich X getan hätte, dann wären wir jetzt noch beieinander.«
- Krankheit

Ich erlebe in Frauengruppen gelegentlich, daß es nicht lange dauert, und alle sind sich in dem Spiel einig:»Die Männer sind schuld, daß es den Frauen so schlecht geht.« Nun haben ja tatsächlich eher Männer gesellschaftlich die Macht. Frauen sind aufgerufen, sich für sich selbst einzusetzen. Durch das Spiel: »Die Männer sind schuld« erzeugen Frauen rasch Gemeinsamkeit, Frauen sind »die Guten« und Männer »die Schlechten«; sie können einen Teil ihrer lange aufgestauten Aggressionen loswerden, andererseits lenken sie auf diese Weise von den eigenen Ängsten, Unsicherheiten, ihrem Schmerz, ihrer Wut, aber auch von ihrem Recht auf Eigenleben ab. Obwohl es in den Gruppen um Frauen geht, deren Bedürfnisse, Wünsche, Fähigkeiten, Chancen und Möglichkeiten, aber auch darum, wie sie sich selbst sabotieren und nicht bekommen, was sie eigentlich wollen, sind Männer – selbst in ihrer Abwesenheit – rasch im Mittelpunkt des Geschehens.

Frauen sind es so gewohnt, den Kopf mit dem Mann voll zu haben, daß sie unsicher sind und Orientierungsschwierigkeiten haben, wenn sie selbst plötzlich die Hauptrolle spielen. Das Feindbild *der böse Mann* erfüllt dann verschiedene Funktionen:

Das Feindbild gibt Sicherheit, Ordnung. Die Orientierung am Mann bleibt weiterhin. Es entlastet die Frau vor unangenehmen Erkenntnissen und Auseinandersetzung mit sich selbst; das Feindbild ist somit Erkenntnisersatz und Ersatzerkenntnis!

Es entbindet erneut von Verantwortung. Das heißt, die Frau vermeidet dadurch, sich mit ihren eigenen Haltungen dem Mann gegenüber zu konfrontieren, muß sich auch ihre vorausgehende Idealisierung nicht anschauen.

Sie kann auf »den bösen Mann« ihre angestaute Wut, ihren Haß projizieren und so eine gewisse Genugtuung erfahren.

Mir geht es darum zu zeigen, daß Frauen verschiedenste Verhaltensweisen gelernt haben, um ihre Wut zu kanalisieren. Frauen haben gelernt, daß sie nicht wütend sein dürfen, haben Angst vor dem direkten Ausdruck ihrer Wut, sie haben Angst, dem anderen weh zu tun, Angst vor Liebesverlust.

Da Frauen ihre Verletzungen ja nicht zulassen und offen ausdrücken dürfen, (»Ein braves Mädchen macht keinen Kummer«) können sie als Abwehrmaßnahmen die verschiedensten körperlichen Symptome – Migräne, Magenschmerzen, ständige Müdigkeit, Depression, Nervosität, Konzentrationsstörungen – entwickeln. Hinter diesen Symptomen steckt unendlich viel leidvolle Erfahrung, Kränkung (»was kränkt, macht krank«). Manche Frauen haben aufgrund ihrer persönlichen Lebensgeschichte bis dato *keine* andere Möglichkeit gefunden, als auf Kränkungen mit Krankheit zu reagieren. Krankheit ist somit *ihre* Möglichkeit, mit dem Leben, mit der Umwelt, ihren Konflikten und Gefühlen umzugehen und fertigzuwerden! Krankheit entlastet zeitweise von Anforderungen und Auseinandersetzungen, dadurch kann sich der kranke Mensch erholen, Kräfte sammeln, bekommt gelegentlich auch die erhoffte Beachtung oder weist anderen die Schuld zu (»Sieh, wie weit du mich gebracht hast.«).

Doch bei allem – Kranksein ist auch eine große Chance, über das eigene Leben nachzudenken, neue Anregungen zu bekommen, um einige Dinge hinterher tatsächlich zu verändern.

Wie kann die transformatorische Kraft der Wut genutzt werden?

Es geht erst einmal darum, sich zu sensibilisieren, ob Sie, wenn Sie verletzt worden sind, spüren, daß Sie wütend sind. Freuen Sie sich, daß Sie wütend werden. Ihre Wut zeigt Ihnen, daß Sie lebendig sind und auf Frustration oder Kränkung reagieren.

Wenn Sie spüren, daß Sie wütend werden, haben Sie die Möglichkeit, Ihre Wut zu betrachten, darüber nachzudenken, was Sie wirklich wütend gemacht hat und können auf diese Weise etwas über sich, Ihre Einstellungen und Erwartungen erfahren. Was steckt hinter Ihrer Wut?

Hat ein anderer Ihre Würde als Mensch mißachtet?
Hat er Ihre Grenzen ignoriert?

Hat er Sie nicht genug anerkannt oder haben Sie ihm Ihre Grenzen nicht deutlich genug gezeigt?
Oder hat er Ihre Erwartungen nicht erfüllt? Warum sollte ein anderer Mensch Ihre Erwartungen erfüllen und so reagieren, wie Sie es gerne hätten? Erlauben Sie sich, Ihre eigene Verletzlichkeit wahrzunehmen und zu akzeptieren.

Als nächstes geht es darum zu beobachten, wie Sie Ihre Wut ausdrücken: Direkt oder indirekt? Wenn Wut indirekt ausgedrückt wird:

- Haben Sie Angst vor direkter Konfrontation?
- Oder haben Sie Angst davor, den anderen zu verletzen oder sich unbeliebt zu machen oder die Anerkennung zu verlieren?

Wut kann auch als Brücke zum anderen verstanden werden, indem Sie zum Beispiel zum Partner, der zu einer Verabredung viel zu spät kommt, sagen: »Ich bin wütend auf dich, weil ich so lange auf dich gewartet hab' und ich das Warten als Mißachtung empfinde.« Das bedeutet, vor sich selbst erst einmal zuzugeben, daß Sie wütend sind und nach den dahinterliegenden Motiven suchen; dann bedeutet es, anstatt impulsiv-reaktiv dem Mann alle Bosheiten an den Kopf zu knallen, nur um die eigene Spannung loszuwerden, Verantwortung für die eigenen Gedanken und Gefühle zu übernehmen – und dies dem anderen mitzuteilen. Es geht *nicht* darum, daß der andere sich dann rechtfertigt und verteidigt, sondern daß Sie ihm erzählen, wie es Ihnen gerade geht.

Wenn Sie Verantwortung für Ihr Leben, also auch für Ihre Wut und Bosheit übernehmen, haben Sie die Chance, darüber zu reden und dem Gegenüber klarzumachen, daß Sie sich verletzt fühlen und von ihm nicht mehr in dieser Weise behandelt werden möchten.

Es kann ein Gespräch folgen, in welchem beide Partner sich offenbaren und das Gefühl größerer Nähe, Achtung, Zusammengehörigkeit und Mitgefühl entsteht.

Wut kann auch als bereitgestellte Energie für Wachstum betrachtet werden. Dieselbe Wut, mit der Sie anderen die

Schuld zuschreiben oder sich rechtfertigen oder sie *gegen* sich selbst wenden, um im Kreis Ihrer Gewohnheit zu bleiben, dieselbe Energie können Sie dazu verwenden, das nächste Mal in einer ähnlichen Situation so zu handeln, daß Sie etwas *für sich* tun: Sie können Wut als Signal verstehen, die eigenen Rechte besser, deutlicher und klarer wahrzunehmen und zu formulieren. Sie können Ihre Wut in eine konstruktive Kraft umwandeln, die Ihnen hilft, sich für Ihre *eigenen* Bedürfnisse und Angelegenheiten einzusetzen und dem anderen zu zeigen, daß Sie eigenmächtig handeln.

Wut kann auch körperlich ausgedrückt werden – durch bioenergetische Übungen, durch Holzhacken, Hausputz, Tennis spielen oder andere Arten, sich körperlich zu betätigen, aber auch durch lautes Schreien im Wald oder durch Schlagen auf ein Kissen. Dies sind Formen, sich körperlich abzureagieren, die Spannung loszulassen und sie nicht in destruktiver Weise gegen sich selbst oder den Partner oder andere Menschen zu wenden.

Wählen Sie für sich Formen, wie Sie mit Ihrer Wut konstruktiv umgehen und sie ausdrücken können.

Übung:
a) Schreiben Sie auf, in welcher Situation Sie wütend werden. Beschreiben Sie die Situation genau.
b) Welche Gedanken haben Sie dabei?
c) Welche Erwartungen stellen Sie in dieser Situation an andere Menschen? Warum sollten sie Ihre Erwartungen erfüllen?
c) Welche Erwartungen, Wünsche haben Sie für sich in dieser Situation? Was ist, wenn Sie Ihre eigenen Erwartungen nicht erfüllen?
e) Überlegen Sie sich verschiedene Möglichkeiten, das nächste Mal in einer ähnlichen Situation konstruktiv zu handeln. Spielen Sie die besten davon im Kopf wiederholt durch.

Wovor haben Frauen Angst?

Immer wieder höre ich: »Wieso sagst du ihm nicht einfach die Meinung?« Wir haben es nicht gelernt. Außerdem haben wir Angst davor. Wovor? Wir haben
- Angst vor Verletzungen, Kränkungen,
- Angst vor Hilflosigkeit und Ohnmacht,
- Angst, Fehler zu machen,
- Angst vor Zurückweisung,
- Angst vor Liebesentzug,
- Angst vor der damit verbundenen Einsamkeit und Isolation.

Wir haben auch Angst vor unserer Freiheit und der damit verbundenen Selbstverantwortlichkeit, haben Angst davor, unser eigenes Leben aktiv zu gestalten. Wir haben Angst davor, uns zu exponieren und »aus der Rolle zu fallen«. Wir sind es von Kindheit an gewohnt gewesen, daß *andere* uns sagen, was wir tun sollen, und so ist es zu Beginn schwierig, für uns selbst zu denken, wählen und handeln, bevor wir die Freiheit genießen können und sie als Geschenk erleben. Wenn wir allein die Verantwortung für uns übernehmen, so ist uns damit klar, daß wir tatsächlich allein entscheiden.

Frauen haben Angst vor ihrer Verletzlichkeit und dem Schmerz, der damit verbunden ist. Letztlich haben wir Angst, alleine nicht überleben zu können. Das sind Gefühle, die aus der Kindheit stammen und durch einen aktuellen Konflikt mit dem Partner oder im Beruf erneut ausgelöst werden können. Und während die Frau äußerlich erwachsen ist, zittert innen ihr kleines Mädchen vor Angst. Doch das kann anders werden.

Zu diesem Thema möchte ich Ihnen folgende Übung vorschlagen:

Übung:
Jede Frau kann lernen, mit dem kleinen Mädchen, das sie einmal war, wieder Kontakt aufzunehmen. Erinnern Sie sich, wie Sie als kleines Mädchen ausgesehen haben... Stell' dir

dieses kleine, liebebedürftige Mädchen genau vor. Wie sieht sie aus? Wie ist sie angezogen? Welche Frisur trägt sie? Nimm sie auf deinen Arm, liebkose sie, drücke sie, zeige und sage ihr, wie gern du sie magst. Sag ihr, daß du von jetzt an immer bei ihr bleibst, für sie sorgst, so daß es ihr bei dir gut geht. *Du* bist als einzige Person der Welt in der Lage, diesem kleinen Mädchen die Liebe, Fürsorge, die Achtung zu geben, die sie braucht, um sich wohlzufühlen. Du trägst dieses Mädchen immer bei dir. Deine Aufgabe als Frau ist es, auf sie zu hören, ihr Gutes zu tun, ihr Raum zu geben, sich mit ihr zu freuen; sie zu trösten, wenn sie Kummer hat, mitzufühlen, wenn sie traurig ist; zuzulassen, wenn sie wütend ist.

Freu dich, daß du wieder in Kontakt bist mit dem Mädchen, das du einmal warst... denk daran, *du alleine* kannst dafür sorgen, daß dieses Mädchen sich geliebt fühlt und dich liebt. Dadurch bist du wieder mit deinen Energien verbunden, fühlst dich lebendiger, freudvoller, kraftvoller – denn nun brauchst du die Energien nicht mehr, um deine Gefühle zu verstecken und deine Bedürftigkeit zu verdecken. Sei offen und dankbar für die Ausdrucksweisen deines kleinen Mädchens in dir – sie zeigen dir, was dieses Mädchen braucht, was du für sie tun kannst.

Je mehr du dich für dein inneres Mädchen öffnest, desto mehr bekommst du von ihm Unterstützung und Hilfe. Spüre immer wieder, wie sich dieses kleine Mädchen in dir fühlt. Zeige, wie sehr du verstehst und liebst. So kann gegenseitiges Vertrauen und Wertschätzung füreinander wachsen.

Machen Sie sich immer wieder klar:

1. *Es gibt keinen Märchenprinzen*, der Sie erlöst und rettet.
2. *Sie sind für Ihr Leben selbst verantwortlich.* Dann kann das unendliche Abenteuer Ihres Lebens beginnen!

> *Das Übermaß an Leiden erfordert,*
> *daß wir uns jede Heilungsmöglichkeit*
> *zunutze machen.*
>
> Tom Johanson

Was können Sie konkret tun?

Akzeptieren Sie, was ist.

Frauen sind sehr praxisorientiert und überlegen sofort, »wofür ist die Information über die Erziehung zur Weiblichkeit gut? Was kann ich in meinem Leben damit anfangen?« Für mich heißt der erste Schritt:

> Akzeptieren Sie, was ist.

»Aber, das heißt doch, daß ich mich als Opfer fühle und glaube, daß ich nichts ändern kann?!« – Nein, gerade nicht. Akzeptieren bedeutet: einsehen, was ist, annehmen, was ist. Akzeptieren heißt nicht resignieren, heißt auch nicht ständig Rücksicht nehmen und nachsichtig sein oder gar willenlos. Akzeptieren heißt auch nicht: dagegen kämpfen.

BEISPIEL:
Manchmal schauen wir morgens in den Spiegel und fühlen uns schlecht... Die Augen verschwollen, die Nase zu groß, Falten, und dann die Figur! Zu dick! Der Busen zu klein! Die Hüften – zu breit! Wir lassen kein gutes Haar an uns, können nichts Gutes an uns entdecken. Wir akzeptieren nicht, wie wir aussehen.

Oder: Wir erleben eine Situation, interpretieren sie blitzartig – entweder sie gefällt uns oder sie mißfällt uns und handeln dann. Wenn wir eine Situation als unangenehm interpretieren, wollen wir dieses Gefühl so schnell wie möglich loswerden. Zum Beispiel fühlen wir uns ärgerlich – und wollen den Ärger loswerden. Wir sind ängstlich – und wollen die Angst rasch loswerden. Wir sind eifersüchtig – und wollen die Eifersucht loswerden. Wir fühlen uns gekränkt – und wollen das nicht spüren. Das heißt: Wir drücken unangenehme Gefühle beiseite, gehen darüber hinweg oder greifen den Partner an, lenken auf ein anderes Thema um oder verlassen die Situation, wenn das möglich ist. Das bedeutet: Wir akzeptieren unangenehme Gefühle nicht, wir wollen sie loswerden und bekämpfen sie umgehend.

Akzeptieren heißt: Nehmen Sie sich so an, wie Sie sind. Sie sind in Ordnung, so wie Sie jetzt sind.

»Was, ich soll in Ordnung sein, so wie ich bin?« fragt Angelika. Und sofort fallen ihr 1000 Eigenschaften ein, die sie an sich schlecht findet. »Ich bin eifersüchtig, ängstlich, koche nicht gern. Ich kann mich nicht so durchsetzen, wie ich will. Ich bin zu faul, weiß nicht immer, was ich will.« Ja, und? Damit hat sie doch nur Feststellungen über Fähigkeiten getroffen, die sie erweitern kann, vorausgesetzt, sie sind ihr wichtig genug. Implizit sagt Angelika: »Ich bin nur in Ordnung, wenn ich hundertprozentig perfekt bin.« *Kein* Mensch ist perfekt. Es gibt immer eine Frau, die intelligenter und schöner ist, eine bessere Figur hat, die besser kocht und sich besser durchsetzen kann, die charmanter ist. Immer. Hören Sie auf, sich zu vergleichen und damit runterzuziehen. Akzeptieren Sie, daß selbst Sie nicht perfekt und vollkommen sind und es auch nie sein werden. Sie leben leichter damit, wenn Sie sich eingestehen, welche überhöhten Ansprüche Sie bisher an sich und andere gestellt haben, welche unrealistischen Idealvorstellungen Sie in bezug auf sich hatten.

Vielleicht haben Sie geglaubt:
»Ich muß eine perfekte Hausfrau und Mutter sein...«
»Ich muß unbedingt freundlich und zurückhaltend sein...«
»Ich muß bescheiden und nachsichtig sein...«
»Ich muß erfolgreich sein...«
»Ich muß immer geduldig und liebevoll sein...«
»...Und wenn ich das nicht bin, dann bin ich nicht mehr liebenswert. Das ist schlimm.«

Das sind die Sätze, die Sie in Ihrer Erziehung zur Weiblichkeit gelernt haben. Als Kind mußten Sie das tun, um die Liebe

Ihrer Eltern zu sichern. Heute ist das *nicht* mehr so. Heute haben Sie die Wahl Ihres Verhaltens, vorausgesetzt, Sie erkennen, welche Sätze Sie sich innerlich vorsagen. Wenn Sie entdecken, daß Sie etwas »unbedingt müssen«, dann ist das in aller Regel eine unrealistische Erwartung, die Sie an sich stellen, ein Zwang, den Sie sich auferlegen. Und wenn Sie dem nicht nachkommen, bekommen Sie Schuldgefühle. Fragen Sie sich, ob Sie diese Erwartungen unbedingt erfüllen müssen und überlegen Sie sich, welche Folgen es hat, wenn Sie diese Erwartung an sich nicht erfüllen. Was glauben Sie, passiert, wenn Sie plötzlich nicht mehr die perfekte Hausfrau sind? Wenn Sie plötzlich nicht mehr geduldig sind?

Wenn Ihnen bewußt wird, welche überhöhten Anforderungen und unrealistischen Ansprüche Sie an sich haben, können Sie sich von ihnen trennen, sich entspannen und sich allmählich so akzeptieren, wie Sie sind.

Nehmen Sie sich so an, wie Sie sind.
Sie sind in Ordnung so wie Sie jetzt sind.

Nehmen Sie sich mit all Ihren
Stärken und Schwächen an.

Mensch sein heißt: unvollkommen sein. Darin steckt unsere ganze Entwicklungsmöglichkeit. Daraus beziehen wir die Energie, unsere eigenen Fähigkeiten zu entfalten.

Überlegen Sie sich, welche Fähigkeiten und Stärken Sie haben, machen Sie sich klar, was Sie alles können. Und Sie können viel mehr, als Ihnen jetzt einfällt. Akzeptieren Sie, daß Sie Stärken haben, daß Sie über Fähigkeiten verfügen, daß Sie etwas können. Ihre Stärken unterstützen Sie in Ihrem Tun, geben Ihnen Bestätigung, Sie können sich auf diese Fähigkeiten verlassen und sich vertrauen. Machen Sie sich das immer wieder bewußt. Sie haben sie erworben, es war eine Leistung, diese Fähigkeiten zu entwickeln. Nehmen Sie das *nicht* selbstverständlich, daß Sie verschiedene Dinge können, sondern anerkennen Sie sie als das, was sie sind: Stärken.

Und akzeptieren Sie, daß Sie Schwächen haben, das sind Ihre Wachstumschancen und Herausforderungen, an denen Sie lernen und sich weiterentwickeln können. Nehmen Sie beide an – Stärken und Schwächen. Denken Sie daran, daß es Sie in diesem ganzen Universum nur ein einziges Mal gibt. Niemand war vorher so wie Sie, und niemand wird nachher je wieder so sein wie Sie.

Durch das anerzogene weibliche Minderwertigkeitsgefühl haben Sie innerlich geglaubt, nicht viel wert zu sein. Sie haben nicht gewußt, daß Sie dieses Minderwertigkeitsgefühl übernommen haben und daß es mit Ihrem individuellen Wert als Frau *nichts* zu tun hat. Sie sind als weibliches Kind geboren und werden als Frau einmal sterben. Durch das Minderwertigkeitsgefühl haben Sie geglaubt, viel für andere tun zu müssen, um überhaupt beachtet und wenigstens durch Ihre Fähigkeiten, sich um andere zu kümmern, anerkannt und geliebt zu werden. Dadurch haben Sie diese Fähigkeit besonders entwickelt. Doch Sie haben als Frau viel mehr Seiten in sich, die Sie bis jetzt versteckt haben, weil Sie sich nicht getraut haben, diese zu zeigen. Sie haben Schätze in sich, die es wert sind, *jetzt* ans Tageslicht gebracht zu werden, sie anderen zu zeigen und mitzuteilen…

Es geht darum, alles in sich zu akzeptieren. Nehmen Sie daher alle Gefühle an, die kommen.

Akzeptieren Sie Ihre **Wut**
Akzeptieren Sie Ihren **Schmerz**
Akzeptieren Sie Ihren **Neid**
Akzeptieren Sie Ihre **Freude und Kreativität**
Akzeptieren Sie all Ihre **Gefühle und Gedanken**

Sie gehören zu Ihnen. Sie zeigen Ihnen Ihre Lebendigkeit und die Wachheit Ihrer Sinneswahrnehmungen. Es gibt in der Wirklichkeit kein »gutes« oder »schlechtes« Gefühl, kein »positives« oder »negatives«. Das sind Etikettierungen und

Bewertungen, die Sie im Lauf Ihres Lebens übernommen haben und nun für sich selbst in Anspruch nehmen. Nehmen Sie wahr, was Sie fühlen und akzeptieren das.

Bewerten Sie Ihre Gedanken und Gefühle nicht, sondern beobachten Sie, daß sie da sind und sich verändern. Vielleicht nehmen Sie nach einiger Zeit wahr, daß Sie Lieblingsgedanken, Lieblingssätze über sich und andere haben, die mit Lieblingsgefühlen verbunden sind. Akzeptieren Sie, was ist.

Übung:
Nehmen Sie vier Wochen Ihre Gedanken wahr, die Sie in bezug auf sich selber haben. Wie denken Sie über sich? Beobachten Sie, welche Sätze Sie wiederholt zu sich sagen und wie Sie sich dabei fühlen. Schreiben Sie diese Sätze für sich auf.

Lesen Sie sie nach vier Wochen durch und nehmen wahr, ob dies eher »positive« oder »negative« Sätze sind. Ob sie eher aufbauen oder ob sie eher destruktiv sind.

Akzeptanz ist die Voraussetzung für Veränderungen. Wann immer Sie einen Menschen treffen, an dem Sie Eigenschaften entdecken, die Sie nicht mögen, dann wissen Sie, daß Sie diesen anderen Menschen nicht so akzeptieren wie er ist. Er handelt doch so, wie er es gelernt hat zu handeln. Er handelt nicht so, wie Sie es gerne hätten. Wozu auch? Sie haben gerade durch diesen anderen Menschen die Chance, etwas über sich zu erfahren. Was mögen Sie an ihm nicht? – Vielleicht hat er eine Eigenschaft, die Sie auch haben, aber nicht erkennen und bekämpfen sie an ihm. Oder Sie sind neidisch auf ihn, weil er Dinge tut, die Sie gerne täten, sich selbst aber verbieten. Schauen Sie die Menschen genau an, die Sie nicht so gern mögen. Sie können Ihnen eine Menge über sich und Ihre Urteile sagen.
Akzeptieren Sie, daß andere Menschen anders denken, fühlen und handeln.
Akzeptieren Sie, daß andere Menschen weniger intelligent oder intelligenter sind als Sie.

Akzeptieren Sie, daß andere Menschen tüchtiger, schneller oder weniger tüchtig und weniger schnell sind als Sie. Akzeptieren Sie, daß andere Menschen anders sind als Sie, nicht besser, nicht schlechter.

Wann immer Sie einen anderen Menschen *nicht* akzeptieren, akzeptieren Sie etwas in sich selbst nicht.

»Was bringt es mir, wenn ich mich und andere Menschen akzeptiere?« Wenn Sie eine Situation akzeptieren, dann fühlen Sie sich lebendig, wach und bewußt. Ihnen stehen Ihre inneren Kräfte und Energien zur Verfügung, die Sie zu aktiv-konstruktiven Handlungen brauchen, weil Sie nicht dagegen kämpfen, weil Sie nichts unterdrücken, sondern akzeptieren, was *jetzt* ist. Wenn Sie akzeptieren, was jetzt ist, dann sind Sie mit Ihrer Aufmerksamkeit im Augenblick, im gegenwärtigen Moment und binden keine Energie an die Vergangenheit oder an unrealistische Idealvorstellungen.

Wenn Sie eine Situation akzeptieren, dann können Sie sich von dieser Basis aus fragen: Was kann ich jetzt konstruktiv tun? Wie kann ich mich konstruktiv einbringen? Von dieser Plattform des Akzeptierens können Sie Handlungsalternativen entwickeln. Sie begreifen sich in der Haltung von Akzeptanz als aktive Person, die sich bewußt *für* sich und ihr Leben einsetzt.

Akzeptanz, das Annehmen dessen, was *jetzt* ist, ohne es zu negieren oder zu beschönigen oder wegdrücken zu wollen, ist auch der Bodensatz für Selbstvertrauen.

Übernehmen Sie Verantwortung für Ihr Leben!

Jede Frau ist Produkt und Schöpferin ihrer Welt! Was heißt das?

Jedes Kind wird in eine bestehende Gesellschaft, eine bestimmte Familie hineingeboren und wächst darin auf. So lernt das Kind in Auseinandersetzung mit seiner Familie, wie es Situationen, Erlebnisse und Erfahrungen bewerten und beurteilen soll, lernt dadurch, wer und was gut ist, und wer und was schlecht ist. Das Mädchen weiß, wie sie sich zu benehmen hat, um den »Eltern keine Schande« zu bereiten, weiß, daß sie sich durch unauffälliges Bravsein die Zuwendung ihrer Eltern sichert.

Das heißt: Das Mädchen lernt »die Welt« und sich selbst vornehmlich durch die Brillen seiner Eltern wahrzunehmen, lernt, daß es besser ist, bestimmte Gefühle wie Wut, Eifersucht, Trauer nicht zu zeigen, diese für sich zu behalten, sie schließlich zu unterdrücken und weitgehend zu verdrängen. Das Mädchen paßt sich – um die Liebe der Eltern nicht zu verlieren – überwiegend den Forderungen der Umwelt in einer Weise an, wie es von einem Mädchen, von einer Frau, erwartet wird. So hat die Frau von ihren Eltern und Lehrern Meinungen, Überzeugungen, ganze Glaubenssysteme übernommen, die nicht die ihrigen sind, hält diese – da sie früh verinnerlicht wurden – für selbstverständlich, hält sie für die Wahrheit und muß daher einen Teil ihrer eigenen Erfahrungen aussperren. Sätze wie »Du kannst das nicht!«, »Dazu bist du zu klein!« haben negative Auswirkungen auf das Selbstwertgefühl und das Selbstvertrauen des Mädchens, da sie ihren Eigenwert untergraben. Natürlich läuft das nicht bewußt ab.

Eine Frau hat zum Beispiel als Kind gelernt, daß sie, gleichgültig, was immer sie tat, gegen die Übermacht ihrer Eltern nicht ankam und sah sich als Opfer, das sich nicht dagegen wehren konnte. Sie gerät nun als Erwachsene immer wieder in Situationen – sei es mit ihrem Chef bei der Arbeit, sei es zu Hause mit dem Ehemann – in welchen sie sich als Opfer fühlt und andere beschuldigt, ihr etwas angetan zu haben. Sie kann nicht sehen, daß sie selbst einen maßgeblichen Anteil daran hat, daß sich solche Situationen wiederholen. Solange ihr nicht bewußt ist, daß sie etwas aktiv dazu beiträgt, wiederholt in ähnliche Situationen zu geraten, kann sie nichts verändern. Sie wird sich weiter als Opfer, dem alle anderen übel mitspielen, fühlen.

Insofern die Frau gesellschaftlich-kulturelle Einstellungen, Haltungen, Glaubenssysteme übernommen hat und diese für die eigenen hält, ist sie das Produkt ihrer Welt...

Je umfassender Ihnen Ihre Vergangenheit bewußt wird, desto klarer erkennen Sie, wie Ihre Einstellungen, Haltungen und Fähigkeiten Sie gefördert, unterstützt haben die zu werden, die Sie geworden sind und welche Ihrer Gedanken- und Gefühlsmuster Sie hindern, Dinge zu tun, die Sie eigentlich tun wollen.

Was Sie jetzt tun können:

1. *Erkennen von übernommenen Mustern und Sätzen*
Beobachten Sie Ihre Gedanken, Gefühle, Bewertungen, Ihre Interpretationen von Situationen, Ihre Sätze, die Sie zu sich über sich sagen, ohne sich daran festzuhalten. Nehmen Sie sie einfach wahr. Das ist eine Übung, die Sie jahrelang machen können, bei der Sie immer wieder Neues über sich erfahren.

Gibt es wiederkehrende Gedanken- und Gefühlsmuster? Seien Sie sich selbst wie eine Detektivin auf der Spur!

Seien Sie froh, wenn Sie zum Beispiel ein »Opfermuster« erkennen, dann haben Sie die Chance, Ihre Gedanken und Ihr Verhalten in eine konstruktive Richtung zu verändern.

Nach und nach wird Ihnen bewußt werden, daß es bei Ihnen ganz bestimmte Gedanken- und Gefühlsmuster und -kombinationen gibt. Ihnen werden immer mehr Ihrer bisherigen Einstellungen, Haltungen, Erwartungen, Überzeugungen und Handlungsmuster bewußt werden.

Zum Beispiel können Sie sich, wenn Sie mit einem Mann leben, in bezug auf Ihre Erwartungen fragen:

Was will ich von diesem Mann?

Welche Erwartungen habe ich an ihn?

Wie realistisch sind diese Erwartungen?

Was ist, wenn er sie erfüllt?

Muß er meine Erwartungen denn unter allen Umständen erfüllen, bloß weil ich es will?

Welche Katastrophenerwartung habe ich, wenn er sie nicht erfüllt?

Und: Was ist so schlimm daran, wenn diese Katastrophenerwartung eintrifft?

Vergangene Situationen, Erlebnisse, Erfahrungen können Sie nicht mehr verändern. Es ist jedoch möglich, Ihre Einstellung zu Ihrer Vergangenheit zu verändern und bisher ausgeschlossene Bereiche zu integrieren.

2. *Erweiterung deiner Vergangenheit*

Sie können hier und jetzt – wenn Sie wollen – sich an Erlebnisse Ihrer Kindheit erinnern und selbst in negativen Erinnerungen nach etwas Positivem suchen... und es finden.

BEISPIEL:
Eine Seminarteilnehmerin war in ihrer Kindheit krankheitsbedingt sehr einsam. Bisher hatte sie diese Zeit als ausschließlich negativ und schrecklich in Erinnerung – und sicher war die Erfahrung für dieses kleine Mädchen schlimm gewesen, hatte sie sich doch nach Liebe, Wärme und Geborgenheit gesehnt und statt dessen Schmerz erfahren. In einer Fantasiereise während des Seminars erlebte sie diese Zeit noch einmal und entdeckte dabei unter anderem, daß sie damals gelernt hatte, sich selbst zu beschäftigen. Sie hatte im Krankenhaus unentwegt Spiele und Geschichten entwickelt, die Figuren ihrer Stories aufgemalt und den Krankenschwestern gezeigt, die sie sehr ermutigten weiterzumachen. Ihr wurde erstmals bewußt, daß sie selbst den Grundstein für ihre schöpferische berufliche Laufbahn – sie wurde Kinderbuchillustratorin – während der Zeit des Krankenhauses gelegt hatte.

Durch diese konstruktive Erinnerung konnte sie sich ein Stück weit mit ihrer Krankenhauszeit, in der sie sich bislang ausschließlich als hilflos und ohnmächtig erlebt hatte, versöhnen und sogar daraus Kraft schöpfen. So heißt es in einem Spruch zutreffend:

> *Ein Mensch schaut in die Zeit zurück und sieht:*
> *Sein Unglück war sein Glück!*

Das bedeutet: *Jetzt* können Sie, wenn Sie wollen, bewußt bestimmte Erinnerungen noch einmal durchleben, sie von allen Seiten betrachten, bislang nicht beachtete Seiten einbeziehen und Ihre Einstellung zu Ihrer Vergangenheit dadurch verändern. Sie können erkennen, daß auch in negativ erlebten Erfahrungen etwas Konstruktives steckt und entwickeln für sich hierdurch auch eine konstruktivere Zukunft.

Sie leben immer im *Jetzt*, zwischen Vergangenheit und Zukunft. Und so, wie Ihre Vergangenheit vom gegenwärtigen Zeitpunkt aussieht, werden Sie auch – aller Voraussicht nach – Ihre Zukunft erleben. Wenn Sie Ihre Vergangenheit als schlecht betrachten, haben Sie wahrscheinlich auch ein negatives Bild von sich und werden von der Zukunft nicht allzu viel Positives erwarten. Ein Pechvogel bleibt nur so lange ein Pechvogel, bis er erkennt, daß er sich durch seine Gedanken immer wieder Situationen erschafft, in denen er sich als Pechvogel erlebt, nach dem Motto:»So etwas passiert immer nur mir!«

Die Chance, die einzige Chance, ist *jetzt*, also zum gegenwärtigen Augenblick, zu erkennen, was und wie Sie denken, fühlen, sich erleben, und zu akzeptieren, daß Sie *jetzt* Ihre Gedanken und Gefühle selbst produzieren, daß Sie Ihre Erlebnisse und Erfahrungen selbst bewerten und beurteilen.

> Letztlich sind Sie die Schöpferin Ihrer Welt!

Sie sind die Produzentin Ihrer Gedanken, Gefühle, Ihrer Handlungen und führen so weit Regie in Ihrem Lebensfilm, so weit Sie Verantwortung dafür übernehmen! Das heißt:

Sie sind verantwortlich dafür, was und wie Sie denken.
Sie sind verantwortlich für Ihre Gefühle.
Sie sind verantwortlich für Entscheidungen.
Sie sind verantwortlich für die Folgen davon.

In aller Regel haben wir ein merkwürdiges Verhältnis zu dem Thema *Verantwortung*. Wenn uns etwas gelingt, übernehmen wir gerne die Verantwortung, wenn uns etwas mißlingt, dann sind andere Menschen, das böse Schicksal oder die gar so schlechten Umstände schuld.
Zum Beispiel hielt ich letzte Woche einen Vortrag. Eine Frau kam etwa zehn Minuten zu spät und entschuldigte sich mit den Worten: »Ich konnte leider nicht früher kommen, das Wetter war so schlecht. Die Straßen waren so glatt.«
Dazu ist zu sagen – daß wir alle, die pünktlich da waren, dasselbe Wetter hatten – Schneetreiben.
Sie benutzte das Wetter als Rechtfertigung, als »guten Grund« für ihr Zuspätkommen – sie hatte ihre Verantwortung für ihre Handlung an das Wetter abgegeben.

Machen Sie sich immer wieder bewußt, daß
Schuldzuweisungen,
Verleugnen der Wirklichkeit,
Rechtfertigungen,
Jammern und Wehklagen,
das Opferspiel,
ständiges Harmonisieren,
ewiges Bewundern des Mannes,
Selbstabwertung,
Versagen aus Trotz undsoweiter,
dazu dienen, Sie von der Selbstverantwortung zu entlasten.
Wenn Sie selbstverantwortlich handeln, machen Sie sich angreifbar, sagen das, was für Sie richtig ist und wissen nicht immer, wie andere Menschen darauf reagieren.
Wir haben alle diese verschiedenen Mechanismen gelernt, um uns vor Angst zu schützen, um die Zuwendung der Eltern und Erzieher zu bekommen und zu erhalten, doch das Bedauerliche daran ist, daß wir uns nun durch diese verschiedenen Mechanismen *kleiner* machen als wir sind.
Wir haben jeden Tag so viele Möglichkeiten, etwas für unser Selbstvertrauen, für unser Selbstwertgefühl zu tun, doch oft bleiben wir lieber beim Gewohnten; nichts gegen

Gewohnheiten, sie sind wichtig, ich bin froh, daß ich mich durch sie entlaste, doch sie sind auch gefährlich, lassen wir uns doch durch sie abhalten, Neues auszuprobieren. Und mit »was Neues« ausprobieren meine ich nicht, zum Beispiel aus dem Beruf auszusteigen, am Ehemann die ganze aufgestaute Spannung abzulassen oder ein Überlebenstraining in der Wüste zu machen. Das sind große Schritte.

Ich meine, daß wir täglich kleine Schritte aus dem Vertrauten herausgehen können und uns damit immer wieder unserer Unsicherheit und unserer Angst stellen, die immer auftreten, bevor wir was Neues tun. BEISPIELE aus dem Alltag:

- Sie können zu einem Menschen sagen, was Ihnen an ihm gefällt, wenn Sie das noch nie getan haben.
- Sie können zu Ihrem Chef nein sagen, wenn er Ihnen wiederholt kurz vor Feierabend Dinge gibt, die »noch heute dringend« erledigt werden müssen, von denen Sie aber wissen, daß es am nächsten Tag auch reicht.
- Sie können Ihre Freude ausdrücken, wenn Sie sich bislang zurückgehalten haben.

Bevor Sie etwas Neues tun, läuft folgender Prozeß ab:

a) *Gedanken*

Sie überlegen: »Soll ich es tun oder nicht?«, »Was bringt es mir, wenn ich es tue?« oder »Laß ich es doch lieber?«, »Ist es richtig, daß ich es tue?« Ihre Gedanken gehen hin und her zwischen Tun und Lassen, zwischen Neuem und Altem. Sie müssen natürlich abwägen, wie groß das Risiko ist, bevor Sie etwas Neues ausprobieren; und natürlich wollen Sie eine gute Erfahrung machen. Doch letztlich machen Sie die Erfahrung erst durch das Tun! Wenn Sie ausschließlich darüber nachdenken, ob Sie dies Neue tun wollen oder nicht, betrügen Sie sich selber, denn nur durch Nachdenken kommen Sie nicht weiter. Halten Sie das Risiko relativ niedrig, den Schritt, den Sie machen wollen, klein genug, damit Sie ihn wirklich gehen. Ermutigen Sie sich selbst und sagen: »O.k. Ich mach's und bin neugierig, was dabei herauskommt.«

b) *Gefühle*

Sie fühlen sich unsicher, nervös, bekommen vielleicht Angst. Eine innere Stimme sagt: »Nein, tu's nicht. Wer weiß, was dabei herauskommt? – Bleib sicher!« Und es kann sein, daß Sie so etwas wie aufgeregte Neugier in sich spüren. Sie spüren, daß Sie mit dem Neuen etwas *für sich*, für Ihre Entwicklung tun; Sie ahnen, daß Sie damit Ihre eigenen, inneren Kräfte stärken und Ihrer Wahrheit Ausdruck verleihen.

c) *Körpergefühle*

Sie spüren, wie Ihr Herz vielleicht schneller schlägt, wie Sie feuchte Hände bekommen oder ein leichtes Drücken im Magen, Sie haben vielleicht einen Kloß im Hals oder glauben, auf die Toilette zu müssen. Vielleicht hat sich Ihre Atmung verändert und Sie spüren, daß Ihr ganzer Körper in Aufruhr geraten ist und Ihnen Energie zur Handlung zur Verfügung stellt.

Jedes Mal läuft dieser Prozeß ab, egal, wie oft Sie diesen Prozeß schon durchlaufen haben, egal, wie alt Sie sind. Je bewußter Ihnen der Ablauf ist, desto mehr können Sie sich diesem Prozeß anvertrauen und fangen an, Spaß daran zu finden, denn Sie wissen, daß Sie auf diese Weise sich selbst immer mehr entdecken.

Was haben Sie davon, daß Sie immer wieder diesen Prozeß durchlaufen?

- Sie bekommen ein klein wenig mehr Mut, Neues zu tun.
- Ihr inneres Potential, Ihre innere Kraft, Ihre Fähigkeiten kommen zum Ausdruck.
- Sie entwickeln sich weiter.
- Sie freuen sich, daß Sie Hemmungen, Bequemlichkeit überwunden haben, sind stolz auf sich.
- Sie fühlen sich lebendiger, lebensfroher.
- Sie werden innerlich ruhiger und sicherer, da Sie sich immer wieder Ihrer Angst gestellt haben, das heißt die Angst nimmt ab, Ihr Vertrauen nimmt zu.
- Sie werden offener, erkennen sich und andere Menschen besser.
- Sie werden toleranter und akzeptieren allmählich Ihre Stärken und Schwächen.

- Sie bekommen mehr Selbstwertgefühl, Selbstachtung und Selbstbewußtsein.

Letztlich werden Sie immer neugieriger, was das Leben mit sich bringen wird, auch wenn das äußere Leben dadurch immer unsicherer wird. Doch Sie finden immer mehr Ruhe und Sicherheit in sich. Das Leben wird unendlich facettenreich, Sie entdecken immer mehr die Schönheit des Lebens – und das heißt nicht, daß es Ihnen ausschließlich gut geht, aber das Leben gewinnt an Tiefe – und Sie an Vertrauen in das Leben.

Sie haben jeden Tag unzählige Chancen, etwas für sich zu tun, indem Sie *einen* Schritt ins Neuland gehen. *Einen.*
- Sie können diese Chancen nutzen!
- Sie können nur gewinnen: an Erfahrung, an Selbstvertrauen, an Mut, an Zuversicht.
- Übernehmen Sie die volle Verantwortung für Ihr Leben.

Auf dieser Grundlage heißt es:

> *Egal, was Sie tun,*
> *es ist immer richtig.*
> Gayan S. Winter

> *Das Leben mit seinen verschiedenen Epochen*
> *ist eine Schatzkammer.*
> *Wir werden reich in jedem Gewölbe beschenkt;*
> *wie reich,*
> *das erkennen wir erst*
> *bei dem Eintritt in das nächste Gewölbe.*
> Friedrich Hebbel

Liebe dich selbst!

> *Wo man Liebe aussät,*
> *da wächst Freude empor.*
> Shakespeare

Liebe drückt sich traditionell für die Frau dadurch aus, daß sie den Mann liebt, ihm ihre ganze Aufmerksamkeit und Energie widmet und dafür unausgesprochen von ihm geliebt werden will. Dadurch macht sich die Frau vom Mann abhängig, er kann über sie bestimmen, ob sie ihn genug liebt oder nicht.

Und natürlich will sie genau dann seine Liebe, seine Bestätigung, wenn er sich von ihr zurückzieht. Genau dann läuft sie ihm hinterher, will ihn zu Liebesbeweisen zwingen und wundert sich, wenn er sich noch mehr zurückzieht und auf seine Freiheit pocht. Die Frau faßt das als persönliche Beleidigung und Kränkung auf, als Liebesentzug, als Entzug seiner Nähe und wirbt mit allen möglichen Mitteln um seine Gunst. Er soll ihr zeigen, daß sie liebenswert ist!

Andere Menschen zu lieben – das ist gut, haben wir als Mädchen gelernt. Wir haben nicht gelernt, auf uns selbst zu hören, auf uns selbst zu achten, unsere eigenen Bedürfnisse und Wünsche zu respektieren und zu würdigen. Kurz:

Wir Frauen haben nicht gelernt, uns selbst so zu lieben und anzunehmen, wie wir sind.

Dabei hat Jesus schon gesagt: *Liebe deinen Nächsten wie dich selbst!*

Das bedeutet doch: Ich bin mir selbst der nächste Mensch – und wenn ich mich selbst nicht liebe, wie kann ich dann andere Menschen lieben? Wie kann ich andere Menschen lieben, wenn ich mich selbst mißachte, abwerte oder meine Bedürfnisse verleugne?

Um einen anderen Menschen wirklich lieben zu können, ist Selbstliebe notwendig, nur dann kann die Liebe zu anderen frei strömen und überfließen, nur dann kann ich meine Freude teilen.

Wir haben gelernt: »Liebe deinen Nächsten«, der zweite Teil des Satzes wurde unterschlagen oder verdreht. Selbstliebe sei etwas Schreckliches und eine Sünde obendrein, wurde uns gesagt. Selbstlose Liebe anderen Menschen gegenüber sei dagegen anzustrebendes Ziel. Dabei wird implizit davon ausgegangen, daß man, um mit Erich Fromm zu sprechen, »in dem Maße, in dem man sich selbst liebt, die anderen nicht liebt, daß Selbstliebe also dasselbe ist wie Selbstsucht.«

Selbstsucht ist nicht Selbstliebe. Ein Mensch, der seine ganze Energie auf sich selbst lenkt, der sich dauernd mit sich selbst beschäftigt und sich fragt, ob und wie er bei anderen Menschen ankommt, liebt sich nicht zu sehr, sondern zu wenig. Er hat kein Vertrauen in sich und zweifelt ständig, ob er wirklich liebenswert ist, so wie er ist und koppelt seine Selbstachtung und seinen Selbstwert oft an Taten. Da unsere Eltern und Erzieher ihre Liebe und Wertschätzung an Bedingungen geknüpft hatten, haben wir dieses Muster für uns übernommen und glauben nun, nur unter ganz bestimmten Bedingungen liebenswert zu sein. Wir haben Glaubenssätze und Überzeugungen entwickelt wie:

»Ich bin nur dann liebenswert, wenn ich selbstlos bin.«

»Ich bin nur dann liebenswert, wenn ich rücksichtsvoll bin und mich um andere Menschen kümmere.«

»Ich bin nur dann liebenswert, wenn ich einen Freund habe.«

»Ich bin nur dann liebenswert, wenn...«

Übung:
Ergänzen Sie den Satz: »Ich bin nur dann liebenswert, wenn...«

Lassen Sie sich Zeit dazu und überlegen Sie, ob auch Sie solche Liebes-Bedingungssätze innerlich zu sich selbst sagen.

Natürlich sind uns diese inneren Sätze oft nicht klar; dennoch sind sie ungeheuer wirksam und beeinflussen unser Leben zutiefst. Wenn Sie solche Sätze bei sich entdeckt haben, dann fragen Sie sich:

»Stimmt es, daß ich nur dann liebenswert bin, wenn ich tüchtig bin?« – Bestimmt nicht. Das ist ein maßlos überhöhter Anspruch, dem niemand gerecht werden kann. Kein Mensch kann nur tüchtig sein – das Ausruhen, Entspannen, Genießen gehören genauso zum Leben. Sonst überfordern Sie sich auf Dauer.

Fragen Sie sich: »Bin ich nur wertvoll und vollwertig, wenn ich einen Mann habe?« – Ganz sicher nicht. Sie sind vollwertig, wertvoll und liebenswert, einfach, weil Sie so sind, wie Sie sind – mit Ihren Stärken und Schwächen. Machen Sie Ihre Selbstliebe und Selbstachtung *nicht* abhängig davon, ob Sie tüchtig sind oder nicht, ob Sie bescheiden sind oder nicht, ob Sie einen Mann haben oder nicht, ob Sie Ihren Idealvorstellungen entsprechen oder nicht. Sie sind liebenswert, so wie Sie sind.

Was ist hier mit Selbstliebe gemeint?

Selbstliebe bedeutet: aus vollem Herzen ja zu sagen zum Leben und zu allem Lebendigen – ja sagen zu mir und ja sagen zu anderen.

Selbstliebe bedeutet die Fülle meiner Existenz zu respektieren und wertzuschätzen, die unterschiedlichen und widersprüchlichen Seiten in mir liebevoll zu würdigen.

Selbstliebe beinhaltet, daß ich mich freue

- geboren zu sein,
- lebendig zu sein, denken, fühlen, wählen und handeln zu können,
- allein sein zu können *und* mit anderen Menschen zusammensein zu können.

Selbstliebe heißt dankbar sein für das, was ist und alle meine Fähigkeiten konstruktiv *für* meine Ent-faltung und Ent-wicklung zu verwenden und für die anderer Menschen.

Selbstliebe heißt auch, daß ich meinen inneren Reichtum gerne teile und daß ich mich über die Wertschätzung oder über Lob von anderen Menschen freue.

Selbstliebe bedeutet, daß ich mir meine Schwächen und »Fehler« verzeihe und vergebe und liebevoll meine Macken annehme.

Selbstliebe heißt auch, daß ich anderen Menschen immer wieder verzeihe und akzeptiere, daß andere Menschen anders sind als ich.

Selbstliebe ist letztlich Sonne hinter allen Wolken. Damit meine ich ein grundsätzliches Ja zu mir – und damit zu allem

Lebendigen. Dieses grundsätzliche Ja wird gelegentlich durch dunkle Gedanken und Gefühle, durch die verschiedenen Formen von Nein verdeckt. Hinter allen Zweifeln, Problemen und Sorgen ist Liebe.

Hinter den Wolken
scheint immer die Sonne.

Selbstliebe hat weder etwas mit Selbstsucht zu tun noch mit der zwanghaften Bestätigung von außen, obwohl es natürlich schön ist und ich mich darüber freue, wenn mich andere Menschen anerkennen und mögen, so wie ich bin.

Ich verstehe unter *Selbstliebe* einen lebenslangen Prozeß, bei dem ich mich immer tiefer erkenne und mich in meiner Einmaligkeit und Einzigartigkeit – mit allen Fähigkeiten, Ängsten, Schwächen – annehme und zunehmend liebevoller, fürsorglicher und respektvoller mit mir umgehe.

Erich Fromm schreibt:»*Die Bejahung des eigenen Lebens, Glücks, Entfaltens sowie der eigenen Freiheit beruht in der eigenen Fähigkeit des Liebens, das heißt in Fürsorge, Respekt, Verantwortlichkeit und Wissen. Wenn ein Individuum in der Lage ist, schöpferisch zu lieben, liebt es sich selbst auch; wenn es jedoch nur den anderen lieben kann, ist es unfähig zu lieben.*« (Fromm, Die Kunst des Liebens, S. 85 f.)

Wir kennen alle diese kostbaren Zeiten des Lebens, wenn wir uns rundherum wohlfühlen, die Verbindung zu allem empfinden und von Freude erfüllt sind. In diesen Zeiten sagen wir aus vollem Herzen ja, fühlen die Verbindung zur Natur, zu den Pflanzen, Bäumen, zu jedem Grashalm, sind achtsam, fürsorglich, verantwortlich und wissen, was wir in unserer nächsten Umgebung für die Natur tun müssen, um sie zu schützen und zu pflegen. Wir lieben einfach – und diese Liebe ist *nicht* an einen bestimmten Menschen gebunden, sie ist vielmehr ein Ausdruck unserer inneren Haltung dem Leben gegenüber. Und manchmal verdecken wir unsere Liebe durch dunkle Gedankenwolken.

Sich an diese kostbaren Zeiten zu erinnern, hilft, die Gefühle der Verbindung und der Liebe wieder wachzurufen, sich wieder zu öffnen und die Energie frei fließen zu lassen. Je mehr wir die Energie fließen lassen, desto lebendiger fühlen wir uns, desto mehr können wir uns erlauben, uns selbst zu zeigen, wie wir sind. Das wiederum gibt uns Kraft und Mut, uns selbst unvoreingenommen und mitfühlend anzuschauen. Wir erkennen uns zunehmend als die Frau, die wir sind – jenseits aller Fassaden und Konventionen – und entdecken, daß es ein spannendes und lohnendes Abenteuer ist, ja zum Leben zu sagen, unsere Widerstände loszulassen und neue Denk- und Handlungsspielräume freizulegen. Wir erkennen die verschiedenen Seiten in uns – unsere Lebenslust, unseren Kampfgeist, unsere Macht, unsere Liebe, unsere Neugier und Schaffensfreude, unsere Leichtigkeit und unsere Schwermut, wir öffnen unser Herz und schätzen, welch nützliches Instrument unser Verstand sein kann. Wir lernen zu geben, zu vertrauen, uns mitzuteilen, aus Freude und Dankbarkeit, geben zu können und nicht aus Berechnung, Angst oder gar Opferbereitschaft.

> Wir heilen uns,
> indem wir teilen.

Wir erkennen und wissen:
- Ich bin nicht besser oder schlechter als andere, ich bin anders.
- Ich bin einmalig auf dieser Welt.
- Ich bin liebenswert, so wie ich bin – mit allen Aspekten und Widersprüchen.

Wir haben tatsächlich mehr Freiheit zu wählen, als wir oft glauben. Wir können bewußt unsere Gedanken, Gefühle beobachten, unsere Wertungen und Urteile wahrnehmen – und wenn wir bemerken, daß wir zum Beispiel oft negativ über uns denken, dann können wir lernen, *bewußt* konstruktive Gedanken über uns zu entwickeln. Wir können immer wieder bewußt wählen, ob wir liebevoll-fürsorglich mit uns umgehen wollen oder ob wir unseren gewohnheitsmäßig negativen Gedanken nachhängen wollen. *Und:* Beides hat Konsequenzen:

a) Wenn wir bewußt konstruktiv und liebevoll denken, erkennen wir die Chancen, die in den jeweiligen Situationen stecken und geben unseren innewohnenden Kräften die Möglichkeit zur Entfaltung, indem wir aktiv auf die Dinge zugehen und handeln. Wenn wir liebevoll mit uns umgehen, drücken wir damit auch unsere Achtung vor uns selbst aus, erfahren uns als wertvoll und vollwertig und gestehen uns den Wert zu, der uns zusteht.

b) Wenn wir automatisiert unseren destruktiven, feindseligen Gedanken folgen, dann schränken wir uns in unseren Möglichkeiten ein, verstärken unsere gewohnten und vertrauten Muster und drehen uns überwiegend im Kreis. Wenn wir negativ über uns denken, ziehen wir uns energetisch herunter und bestätigen uns wieder einmal, daß wir »nicht gut genug« sind und werten uns selbst ab. Aber:

Jeder Morgen ist ein neuer Morgen. Wir haben damit wieder eine neue Möglichkeit, uns für ein konstruktives, selbstbejahendes und liebevolles Leben zu entscheiden. Wir haben die Wahl, morgens beim Wachwerden zu sagen: »Ja, ich freue mich auf diesen Tag.« Oder wir können sagen: »Scheiß-Tag, was muß ich auch so bald aufstehen!« Je nachdem, welchen inneren Satz wir zu uns sagen, verläuft der Tag konstruktiv oder eher destruktiv. Er beeinflußt, wie wir den Tag erleben, er beeinflußt unsere Wahrnehmung, unser Denken, Fühlen, Wählen und Handeln.

Und manchmal fühlen wir uns einfach lustlos oder traurig. Wenn wir diese Gefühle annehmen, uns nicht dagegen wehren, nicht gegen sie kämpfen, können wir an diesen Gefühlen und Gedanken wahrnehmen, wie wir über uns denken, wie wir uns fühlen und verhalten, können den Zusammenhang zwischen dem Gefühl des Niedergeschlagenseins, der Gedanken und Körperhaltungen erkennen und können froh sein, uns wieder einmal auf die Schliche gekommen zu sein. Oder: Wir können unsere Niedergeschlagenheit solange wahrnehmen, bis wir die Nase von diesem Zustand gründlich voll haben und uns und anderen nicht länger auf den Wecker fallen wollen. Dann können wir über unsere inneren Dramen lachen – und uns anderen Dingen zuwenden.

Oder: Wir können uns immer tiefer auf diese Gefühle und Gedanken der Niedergeschlagenheit einlassen, uns fallenlassen – bis wir auf den Boden kommen. Und wenn wir am Boden sind – dann können wir uns mit den Füßen kraftvoll abstoßen – und kommen wieder nach oben.

Das Leben kann als unaufhörlicher, unendlicher Lernprozeß, bei dem alles dynamisch in Bewegung ist, verstanden werden. Es geht auf – und ab. Es gibt Höhen und Tiefen. Nach jeder Höhe kommt eine Tiefe. Das ist nichts Neues – doch wenn ich das weiß und die Dynamik verstanden habe, dann kann ich mich innerlich darauf einstellen, kann meine Höhen wertschätzen – und die Tiefen zulassen, kann mich dabei zunehmend besser erkennen, verstehen und liebevoller und respektvoller mit mir umgehen. Und je tiefer ich mich erkenne und verstehe, desto weniger Feindbilder brauche ich, auf die ich meine eigene Wut, meinen Haß, meine Feindseligkeit projiziere. Ich erkenne, daß diese Gefühle eben auch zu mir gehören und kann sie als meine eigenen Gefühle annehmen und integrieren. Das heißt, je umfassender ich mich erkenne und verstehe, desto besser kann ich andere Menschen erkennen und verstehen. Je mehr ich mich selbst liebe, desto mehr kann ich mich annehmen, so wie ich bin, mit all meinen Seiten, desto mehr kann ich meiner eigenen Energie folgen, desto weniger vergleiche ich mich mit anderen und kann dadurch auf Neid und Rache verzichten. Selbstliebe ist die Voraussetzung für die Liebe zu anderen Menschen.

Wie können Sie Ihre Liebe zu sich selbst vertiefen?
Sie können sich jeden Tag etwas Gutes gönnen:
Sie können Ihrem Körper täglich etwas Gutes tun.
Sie können sich ausruhen, entspannen, meditieren.
Sie können gesunde Kost zu sich nehmen.

Sie können Ihre Fähigkeiten wertschätzen.

Sie können sich immer wieder verzeihen.

Sie können liebevoll mit sich und anderen Menschen umgehen.

Sie können auf die Signale Ihres Körpers hören.

Sie können Ihrer Intuition folgen.

Erlauben Sie sich, anderen Menschen Komplimente zu machen und freuen Sie sich über die Komplimente oder Anerkennung von anderen Menschen. Zum Beispiel macht ein Mann einer Frau Komplimente. Bisher dachte sie automatisch:»Was will er von mir? Sieht er nicht, wie häßlich mein Mund ist und wie groß meine Ohren sind?« Wenn ihr dieser Abweisungsmechanismus bewußt ist, dann kann sie ein neues Konzept entwickeln und sich etwa sagen:»Ja, ich bin einfach liebenswert«, sich darüber freuen und diese Freude zum Ausdruck bringen.

Sie können Ihr Herz öffnen und durch Ihr Sein andere Menschen ermutigen zu wachsen.

Gestatten Sie sich, Ihre Bedürfnisse und Wünsche zu erkennen und entsprechend zu handeln, entdecken und teilen Sie mit anderen Menschen Ihren inneren Reichtum.

Erlauben Sie sich, sich jeden Tag über Kleinigkeiten zu freuen – und es gibt genug Möglichkeiten, sich zu freuen.

Danken Sie dem Universum und Ihren inneren Helfern für ihre Unterstützung.

Verzichten Sie darauf, sich bei anderen Menschen über Ihr Leben zu beklagen oder ständig zu jammern. Das ist Energieverschwendung und weder für Sie noch für andere erfreulich.

Entdecken Sie in sich selbst und in anderen Menschen das Gute.

Liebe entspannt.

Liebe – und dein Vertrauen wächst.

Vertrau dir – und deine Liebe wächst.

1. ÜBUNG:

Dies ist eine Übung, die Sie während des Tages immer wieder machen können: Beobachten Sie Ihre Gedanken. Wenn Sie bemerken, daß Sie wieder einmal mechanisch negativ über sich denken, unterbrechen Sie diesen Gedanken. Sagen Sie »halt!« und wenden Sie sich bewußt einem konstruktiven Gedanken zu. Es kann sein, daß sich dann Ihre Negativgedanken verstärken. Nehmen Sie dies wahr, ohne diese Gedanken zu verurteilen, sondern sagen Sie liebevoll zu diesen Gedanken: »Ja, ich erkenne, daß ihr da seid. Nur – jetzt läuft ein anderes Programm!« Unterdrücken Sie Ihre Negativgedanken nicht, sondern akzeptieren Sie, daß Sie negativ über sich denken und wenden sich dann erneut konstruktiven Gedanken zu.

2. ÜBUNG zur Selbstliebe:

Nehmen Sie sich zu dieser Übung 30 Minuten Zeit und sorgen Sie dafür, daß Sie während dieser Zeit ungestört sind. Setzen Sie sich aufrecht hin, schließen die Augen und atmen Sie dreimal tief durch. Dann stellen Sie sich vor, wie beim Einatmen Ihr Körper von oben mit hellem, goldenen Licht durchflutet wird, so daß jede Zelle damit erfüllt wird. Mit dem Ausatmen atmen Sie Dunkelheit aus und spüren, wie Ihr ganzer Körper dadurch gereinigt wird. Mit dem Einatmen stellen Sie sich wieder vor, wie Ihr ganzer Körper von hellem, goldenen Licht der Liebe durchflutet wird.

Nach etwa 15 Minuten stellen Sie sich beim Einatmen vor, wie Sie das Licht der Liebe einatmen, und wie das goldene Licht der Liebe beim Ausatmen aus Ihrem Herzen strömt.

Affirmationen, die Sie auf Ihrem Weg unterstützen:

- Ich liebe mich als Frau so, wie ich bin.
- Ich bin liebevoll zu mir und anderen.
- Ich freue mich, daß ich lebe und fühle mich sicher.
- Ich erlaube mir und anderen, glücklich zu sein.
- Ich kann meine Fähigkeiten mehr und mehr ausdrücken.
- Ich vertraue mir und genieße es, mich mehr und mehr zu öffnen und meine Gefühle und Gedanken auszudrücken.

- Es macht mir Spaß dazuzulernen.
- Ich liebe das Leben, vertraue meinen inneren Kräften.
- Ich teile meinen inneren Reichtum mit anderen Menschen.

Flügel der Liebe,
Stärker als meine Angst,
Vertrauen
Löst mein Gefängnis.
Atmet
Gedankenwolken weg.

G. Deuter

Vertrauen Sie Ihrem Körper!

Jeder Mensch verkörpert sich auf seine Weise. Jeder menschliche Körper ist einzigartig. Welch ungeheure Vielfalt an menschlichen Verkörperungen gibt es! Doch anstatt uns bewußt zu machen, daß jeder von uns weltweit ein einmaliges Original ist, schielen viele Frauen auf gesellschaftliche Schönheitsideale und beklagen ihr eigenes Aussehen: »Mein Po ist zu schlaff!« – »Mein Busen ist zu klein!« – »Ich bin zu dick!«

Fast alle Frauen beobachten ihren Körper überkritisch und stellen fest, daß er irgendwie nicht in Ordnung ist, daß wenigstens ein Körperteil nicht schön genug ist. Nicht schön genug im Vergleich zu wem? Der Busen ist zu klein – im Vergleich zu welchem Busen? Der Busen ist so, wie er ist!

In einer Zeit, in der die Verunsicherung so groß wie nie zuvor ist, wird der menschliche Körper als augenscheinliches Mittel der Selbstdarstellung verwendet, um durch diesen Rückgriff so etwas wie Sicherheit zu gewinnen. Wenn alles außer Kontrolle gerät, wird der eigene Körper zum Ausdruck von Selbstkontrolle! Der Kult um einen schönen Körper boomt! Wir werden über die Medien täglich mit den derzeitigen Schönheitsidealen konfrontiert. Wir sehen auf den Titelseiten von Frauenzeitschriften junge, faltenlose, superschlanke und schöne Models, die uns anstrahlen. Die Kosmetik- und Modeindustrie macht Milliardenumsätze dank junger, faltenloser, superschlanker und schöner Models. Nun schaut aber nicht jede Frau so gertenschlank aus, und selbst durch Body-Styling, Fitnesstrimming und Schönheitsoperationen kommt frau nicht an diese unerreichbaren Ideale heran. Ideale drücken auf das weibliche Selbstvertrauen.

Schönheit, so sagt uns die Werbung, ist Erfolg beim anderen Geschlecht. Also müssen wir schöner sein als eine andere Frau, rivalisieren um die Gunst des Mannes und vergleichen uns daher ständig. Die Überbetonung der Äußerlichkeiten verdeckt die innere Angst, auf dem Warenmarkt der Eitelkeiten nicht mithalten zu können und im Spiel der Geschlechter zu versagen.

Frausein wird leider oft auf äußere Schönheit und sexuelle Attraktivität reduziert. Äußeres ist wichtiger als Empfindungsreichtum, Freude, Sensibilität, Liebesfähigkeit oder Intelligenz. So hält sich zum Beispiel hartnäckig das Vorurteil, daß Feministinnen nur deshalb Feministinnen seien, weil sie so häßlich sind, daß sie keinen Mann bekommen hätten. Als ob sich Frauen nur über Schönheit und Männer definieren könnten! Und über mich soll ein Bekannter gesagt haben: »Bei dem Aussehen muß sie halt selber einen Doktor machen. Andere heiraten einen und ersparen sich die Mühe.« Tja. Dabei kann Lernen mit Lust verbunden sein, das Verstehen von Zusammenhängen kann Befriedigung und Sicherheit geben und das Vertrauen in die eigene Kompetenz vertiefen.

Spieglein, Spieglein an der Wand, wer ist die Schönste im ganzen Land?

Wie aus Untersuchungen hervorgeht, werden Mädchen viel stärker als Buben von den gesellschaftlichen Schönheitsidealen beeinflußt, was bei Mädchen besonders stark in der Pubertät zum Ausdruck kommt. Gerade in dieser Zeit weiblicher Entwicklung und körperlicher Veränderung wird der

Körper besonders beobachtet, gar zum Zentrum des Seins erhoben, jeder Pickel gibt Anlaß zum Sinken des Selbstvertrauens, zum Gefühl der eigenen Unzulänglichkeit. Das Selbstvertrauen steigt auch kaum, wenn Mädchen gute Schulleistungen zeigen. Das bedeutet, daß unsere Gesellschaft offensichtlich von Mädchen weniger Leistung erwartet und diese entsprechend gering honoriert, so daß ganz im Sinne der Tradition, körperliche Schönheit zu *dem* Thema weiblicher Identität wird. Und was schön ist, bestimmen andere.

Wenn sich Frauen im Vergleich zu Models häßlich, minderwertig und ungeliebt vorkommen, dann... ja dann machen sie sich von der Bestätigung anderer abhängig, brauchen Anerkennung und sichtbare Zuwendung vom Mann, er kann sich zum Richter ihrer äußeren Schönheit aufschwingen, gewinnt dadurch Macht über sie. Zudem sind Frauen dann für teure Produkte der Industrie anfällig, um ihr unsicheres Selbstwertgefühl auszugleichen.

Oder sie protestiert gegen diesen Zwang zur Schönheit – und kleidet sich betont häßlich, ist betont ungepflegt. Sie hat eine *Gegen*norm entwickelt– und bleibt genau dadurch von der Norm abhängig! Doch die Gegennorm kann der erste Schritt hin zur eigenen Weiterentwicklung werden.

Dabei ist jede Frau auf ihre Weise schön, so, wie sie sich bewegt, wie sie sich ausdrückt, wie sie spricht.

Wir haben eine so eng begrenzte Vorstellung von Schönheit! Wir haben eine so eng begrenzte Vorstellung von Weiblichkeit! Während zur Zeit von Peter Paul Rubens eine runde, füllige Frauenfigur Sinnlichkeit und Lebenslust repräsentierte, gilt heute eine füllige Frau, die von der gesellschaftlichen Norm abweicht, als disziplinlos und willensschwach!

Wie sich dieses Schlankheitsdiktat in der Partnerschaft auswirken kann, soll ein BEISPIEL verdeutlichen:

Brigitte, 26, war früher Sachbearbeiterin, ist verheiratet. Sie ist eine ruhige, feinfühlige, offene Frau, die sich seit der Geburt ihrer Tochter vor einem Jahr beurlauben hat lassen.

Sie ist jetzt Hausfrau und wohnt mit ihrer Familie im Eigenheim auf dem Land, ist den ganzen Tag allein, da ihr Mann erst abends nach Hause kommt.

Für Brigitte war die Umstellung von ihrer Berufstätigkeit zur Hausarbeit sehr schwer. »Ich vermißte die tägliche Plauderei mit meinen Kolleginnen, bekam kaum mehr Anerkennung. Zu Hause hatte ich zwar meine Tochter, dennoch langweilte ich mich. Mir fehlte einfach die Action. Und da begann ich, etwas mehr zu essen. Hier ein Stück Kuchen, da eine Portion Eis – das summierte sich langsam. Ich wußte nicht, was ich sonst tun sollte.« Ihrem Ehemann blieben ihre Pfunde nicht verborgen, und er fing an, Brigitte zu hänseln und zu verletzen. »Mit so einer dicken Frau schlaf' ich nicht mehr«, sagte er. Und: »Du bist eine Beleidigung für jeden Mann!« Wie fühlte sich Brigitte bei alledem?

»Das Schlimme war, daß ich genauso dachte. Ich dachte ja auch, daß ich viel zu fett bin. Innerhalb eines Jahres hatte ich 30 Pfund zugenommen, war von Kleidergröße 38 auf 44 gekommen. Jetzt krieg' ich nicht mehr die Klamotten, die mir gefallen, sondern ich muß nehmen, was mir paßt!«

Wie sieht der eheliche Alltag gegenwärtig aus?

»Ich stehe immer vor meinem Mann auf und gehe nach ihm ins Bett, so daß er mich nicht mehr nackt sieht. Ich schäme mich vor ihm! Geschlafen haben wir schon über ein halbes Jahr nicht mehr miteinander, ich hätte jetzt auch Hemmungen, mich gehenzulassen. Früher hat ihm meine Figur sehr gut gefallen – und er war stolz auf mich. Jetzt nimmt er mich nirgendwo mehr mit, er geniert sich meinetwegen.« Von Diäten hat Brigitte die Nase voll, da sie diese nach ein paar Tagen abbricht. Hernach ärgert sie sich darüber – und ißt. Sie denkt den ganzen Tag ans Essen und hat ein schlechtes Gewissen bei allem, was sie ißt.

Brigitte hat wegen ihrer Figur Schuldgefühle. Sie wertet sich ab: »Ich kann mich nicht zusammenreißen, ich bin labil, ich bin nicht stark genug.« Der Unterschied zwischen ihrer Idealfigur und ihrer derzeitigen Figur ist so groß, daß sie diese Spannung durch den Verzehr von Süßigkeiten kurzfristig lindert, wodurch sie sich immer weiter von ihrer Idealfigur entfernt. Ihr Mann zeigt ihr deutlich, daß ihm ihre Figur mißfällt. Sie fühlt sich dadurch in ihrem Selbstwert als Frau zusätzlich mißachtet und verletzt. Sie kann sich gegenüber den Angriffen ihres Mannes nicht wehren, da sie ja derselben Meinung ist wie er, nämlich daß sie zu dick ist. Daher erlaubt sie ihm, auf ihrer Würde und Selbstachtung als Person herumzutrampeln nach dem Motto: »Wer zu dick ist, ist nicht liebenswert! Wer zu dick ist, darf verletzt werden!« Sie verletzt sich selbst durch ihre ständige Kritik ja auch. Das Essen hat weiter zur Überbrückung der Langeweile und der Leere gedient, nun dient es dazu, die erlittenen Verletzungen ihres Mannes auszugleichen und sich selbst für die »Schwäche« zu bestrafen. Sie hat Hemmungen, sich frei zu bewegen und schränkt sich dadurch in ihrer Lebendigkeit ein. Sie glaubt, an ihrer Situation nichts ändern zu können. Ihr Selbstvertrauen ist nahe dem Nullpunkt.

Brigitte erkennt nicht, daß sie selbst einen Anteil daran hat, daß die Lage so ist, wie sie ist.

Sie ist dem gesellschaftlichen Ideal von Schönheit = Schlankheit = liebenswert aufgesessen. Diesem Ideal entspricht sie nun nicht; also glaubt sie, »nicht in Ordnung zu sein, so wie sie ist«. Das erzeugt Spannung.

Da sie sich mit ihrem Mann identifiziert, bekommt sie keine Wut auf ihn, sondern auf sich und schluckt diese mit Essen hinunter. Sie ist von ihrem Mann abhängig, er macht ihre Figur zu dem Kritikpunkt schlechthin, das heißt, er hat auch die Normen der Gesellschaft übernommen. Da sie nicht mehr der Norm entspricht, kann er nicht mehr so stolz auf sie sein wie früher, was ihn in seiner Eitelkeit kränkt. Andererseits kann er sich ihr überlegen fühlen, da er sich »zusammenreißen kann« und erlaubt sich, seine Spannungen an ihr abzulassen.

Sie erkennt nicht, daß sie die Verantwortung für ihren Körper nach und nach abgegeben hat und ist in einem negativen Teufelskreis gefangen.

Sie kann diesen Negativkreislauf unterbrechen,
wenn sie einmal erkennt, daß sie in einem Teufelskreis
steckt,
wenn sie ihre Schönheitsnorm wahrnimmt und hinterfragt,
wenn sie erkennt, daß sie in Ordnung ist, wie sie ist,
wenn sie sich selbst annimmt, wie sie ist,
dann kann sie sich auch für ihr Recht auf Menschenwürde
einsetzen und darauf achten, daß weder sie selbst, noch ihr
Mann sie niedermacht.

Das unerreichbare Schönheitsideal und die überhöhten
Ansprüche der Frauen an sich selbst verstärken vorhandene
Minderwertigkeitsgefühle. Das heißt, das Problem der Frau,
sich als nicht gut genug, als nicht liebenswert zu fühlen, kann
sich im Äußeren, an einem bestimmten Körperteil, festmachen. »Wenn meine Nase nicht zu lang wäre, dann wäre ich
liebenswert, aber so?« Oder: »Wenn ich 30 Pfund weniger
wiegen würde, dann wäre ich wieder liebenswert, aber so?«

Die Frau sieht sich vornehmlich durch die Brille ihrer
vermeintlichen körperlichen Unzulänglichkeit, und zieht
das dann als erneuten Beweis dafür heran, daß sie nicht
liebenswert ist. Natürlich ist eine Frau mit einer langen Nase
liebenswert. Natürlich ist sie mit 30 Pfund Übergewicht in
Ordnung.

**Von der Norm abzuweichen braucht Mut, für sich selbst
einzustehen.**

Doch wenn Äußeres zum Maßstab der Dinge wird, der Frau
auf verschiedenen Ebenen gesagt und gezeigt wird, daß sie
nicht der Norm entspricht, dann hat sie solange darunter zu
leiden, wie sie sich mit Normen identifiziert. Doch genau
dieses Leiden kann auch die Chance und den Anstoß zur
eigenen Weiterentwicklung geben. Dann nämlich, wenn sie
sich fragt: »Wieso fühle ich mich schlecht, wenn ich ein paar
Pfund zugenommen habe? Wieso soll mein Körper dem Ideal
entsprechen? Damit mache ich meinen Selbstwert von ein
paar Pfunden abhängig – das ist doch geradezu lächerlich!«
Sie kann sich des Zusammenhangs zwischen gesellschaftli-

chen Schönheitsnormen, ihrem individuellen Aussehen und dem Gefühl des »Nicht-gut-genug-Seins« bewußt werden und erkennen, daß jeder Mensch *mehr* ist als sein Körper und daß er sich auf seine individuelle Weise verkörpert; das Schönheitsideal engt die Vielfalt der menschlichen Körperformen ein.

Jede Frau hat den Körper, der ihr entspricht.

Jede Frau hat ihre ureigene Schönheit, ihre ureigene Haltung, Bewegung, Anmut, ihren ureigenen Ausdruck. An ihrem Körper spiegelt sich ihre Lebensgeschichte, ihre Erfahrungen, ihre innere Einstellung wider. Früher konnte man in den Gesichtern älterer Frauen die Geschichte ihres Lebens lesen, heute verstecken immer mehr Frauen ihr Alter durch Liftings, berauben sich damit eines Teils ihrer Geschichte, wollen zeitlos jung bleiben und die Spuren ihrer Vergänglichkeit beseitigen. Dabei ist jeder Körper augenfälligen Formen der Wandlung unterworfen. Leben bedeutet per se Bewegung, Veränderung; selbst, wenn man tot ist, verändert sich die Form des Körpers.

Warum also gegen etwas kämpfen, das zum Leben gehört? Warum also gegen ein paar Falten oder ein paar Pfund kämpfen und nicht einfach akzeptieren, daß das offen-sichtlich unsere gegenwärtige Verkörperung ist? Wir können uns erlauben, unseren Körper und uns selbst so anzunehmen, wie wir gerade jetzt sind. Ist es nicht absurd, daß wir uns nur dann mögen, wenn wir unserem Ideal nahekommen? – Es ist aberwitzig, wieviel Energien wir in Körperideale investieren, die wir nie erreichen können! Anstatt diese Energien *gegen* uns zu verwenden, können wir bewußt unsere hohen Ansprüche herunterschrauben und uns akzeptieren, wie wir *gerade jetzt* sind.

Wenn wir unseren Körper jetzt nicht akzeptieren, wann dann?

Frauen können sich gegenseitig darin unterstützen, daß sie mit ihrem gegenwärtigen Körper zufrieden sind und daß sie allen Grund haben, sich so zu zeigen, wie sie sind. Warum sollen nur gertenschlanke Frauen sich in sich wohlfühlen? Jede Frau hat das Recht, sich so frei zu bewegen, wie sie will – egal, ob sie dick, dünn, klein oder groß ist. Jede Frau spürt, wie angenehm und lustvoll es ist, wenn sie sich so bewegt, wie sie es gerne mag.

**Geben Sie sich die Erlaubnis,
sich in Ihrem Körper rundherum wohlzufühlen**

Wir tun oft so, als ob unser Körper nicht liebenswert sei und machen uns nicht klar, daß unser Körper das Haus ist, in dem wir leben. Unsere Aufgabe ist es, für dieses Haus so gut und so liebevoll wie möglich zu sorgen, wenn wir wollen, daß wir uns wohlfühlen.

Mit unserem Körper können wir atmen, liegen, knien, stehen, gehen, springen, laufen, hüpfen, tanzen, lieben, singen, schreien, toben, lachen, weinen, riechen, schmecken, sehen, fühlen, tasten, greifen, Sport treiben und vieles mehr. Unser Körper ist sinnlich lebendige Quelle und Ausdruck unseres Daseins. Solange wir leben, bewegen wir uns und lassen uns bewegen, öffnen uns durch die Energieströme der Freude und des Glücks, ziehen uns bei Schmerz und Angst zusammen, engen unser Dasein ein. Jede Stimmung drückt sich in Haltung, im Gang, im Glanz der Augen, in Gestik und Mimik, Tonfall aus. Gefühle und Gedanken stehen in engem Zusammenhang zu unserem Körper.

Als Kinder waren wir in Verbindung mit unserer inneren Wirklichkeit. Einheit von Körper, Fühlen, Denken, Handeln war da. Im Lauf unserer Erziehung haben wir uns in unserer körperlichen Bewegungslust eingeengt, haben unangenehme Gefühle verdrängt, die sich nun in chronischen muskulären Verspannungen oder psychosomatischen Symptomen bemerkbar machen.

Heute können wir diese Verbindung wieder herstellen und Kontakt aufnehmen mit vernachlässigten Gefühlen, mit körperlichen Verspannungen, können zu einer neuen, ungewohnten Art von Lebendigkeit und Daseinsfreude finden.

Wir können blockierte Energien wieder zum Fließen bringen und damit die inneren Quellen unserer schöpferischen Kräfte entdecken. Wir können die tiefe körperliche und geistige Ruhe hinter aller Unruhe spüren, können uns lachenden Herzens über unsere kleingeistige Ängstlichkeit erheben und ein grundlegendes Vertrauen in unser Leben erfahren. Allein, wenn wir tiefer atmen, erleben wir, wie sich unsere Gefühle verändern. – Probieren Sie's! Oder – wir halten den Atem an und machen den Körper starr, wenn wir bestimmte Gefühle nicht spüren wollen! Wenn unsere Gedanken unruhig sind, überträgt sich dies auf den Körper, wir werden nervös und kurzatmig – und können unsere Gedanken beruhigen, wenn wir einige Zeit tief atmen!

Was können Sie tun, um die Verbindung zwischen ›Herz und Hirn‹ wiederherzustellen?
1. Vertrauen Sie Ihrem Körper! Er weiß schon, was gut für Sie ist. Nehmen Sie die Signale Ihres Körpers wahr, die er Ihnen sendet und hören Sie drauf. Fragen Sie sich: »Was sagt mir mein Körper mit den Signalen?«
2. Geben Sie sich genug Zeit für Ruhe und Entspannung und erlauben Sie sich, sich zu bewegen, zu tanzen und den Sport zu treiben, bei dem Sie sich wohlfühlen. Tun Sie *jeden* Tag etwas Gutes für Ihren Körper, zeigen Sie ihm, wie sehr Sie ihn schätzen und seien Sie dankbar dafür, wie lebendig er ist, wieviel Energie Sie zur Verfügung haben, wie sensibel er auf Situationen reagiert und Ihnen die Kraft bereitstellt, die Sie brauchen, um Neues zu wagen, wie gut er für Sie sorgt, selbst wenn Sie schlafen!
3. Beobachten Sie immer wieder ganz bewußt Ihren Körper und nehmen die damit zusammenhängenden Gefühle und Gedanken wahr. Erlauben Sie sich, die Verbindung von Körper, Gedanken und Gefühlen zu spüren.

ÜBUNG:
Stellen Sie sich nackt vor einen großen Spiegel und nehmen Ihren Körper wahr. Betrachten Sie in aller Ruhe Ihren Körper und atmen dabei tief.

Wie fühlen Sie sich nackt? Wie ist es für Sie, sich so genau anzuschauen?

Sind Sie mit dem Aussehen Ihres Körpers zufrieden? Gibt es Körperteile, die Sie besonders mögen? – Erlauben Sie sich, diese Körperteile zu streicheln. Wie fühlt es sich an? Was denken Sie?

Gibt es Körperpartien, die Sie nicht besonders gerne mögen? Legen Sie Ihre Hände mit aller Liebe auf eine dieser ungeliebten Körperregionen und nehmen Sie Verbindung zu dieser Partie auf. Erlauben Sie sich, Ihre Gefühle wahrzunehmen und lassen Sie diese Gefühle zu, während Sie weiterhin Ihre Hände schützend und liebevoll auf diesen Körperteil halten.

Wiederholen Sie diese Übung so oft, bis Sie sich mit den bislang ungeliebten Körperpartien versöhnt haben. (Sie können diese Übung auch mit einem sehr vertrauten Partner machen, so daß dieser seine Hände auf Ihre ungeliebten Stellen hält.)

Wenn zum Beispiel eine Frau ihre Brüste als zu klein empfindet, sie deshalb nicht mag, legt sie nun ihre Hände mit aller Liebe auf ihre Brüste, nimmt Kontakt auf. Es kann sein, daß sie anfängt zu weinen – weil sie das Gefühl der Befreiung spürt und akzeptieren kann, wie gut ihr diese neue Liebe tut oder sie nimmt wahr, wie sehr sie diese Körperpartien bis jetzt abgelehnt hat und versöhnt sich mit dieser Region. Es kann sein, daß sie zuerst wütend wird, weil sie gerne andere Brüste hätte und sie ihr jetziges Aussehen nicht akzeptieren will! Oder traurig, weil sie gerne anders aussehen würde... Dann ist es für diese Frau sinnvoll, diese Übung täglich zu machen, sich immer wieder zu berühren und die Gefühle und Gedanken immer wieder zuzulassen, in Dialog mit dieser Körperregion zu treten, so lange, bis sie sich damit versöhnt hat und so annimmt, wie sie ist.

Mit zunehmender Bewußtheit nehmen Sie immer differenzierter die Zusammenhänge zwischen Körper, Gefühlen und Gedanken wahr. Wie dieses Zusammenwirken konkret aussehen kann, zeigt ein BEISPIEL:

Eine Situation, die Annette wiederholt erlebt hat, ist folgende: Sie ist abends im Bett. Es ist nach 22 Uhr. Ihr Mann ist Versicherungsvertreter, arbeitet daher gelegentlich abends, ist von einer Besprechung noch nicht zurück.
Gedanken: »Hoffentlich ist ihm nichts passiert.«
Gefühle: Sie macht sich Sorgen.
Körpergefühle: Sie wird nervös, unruhig, kann nicht einschlafen.

Bei diesem Beispiel waren die Gedanken: »Hoffentlich ist ihm nichts passiert«, der Ausgangspunkt für ihre Gefühle und ihre körperliche Unruhe. Die Interpretation dieser Situation lief immer nach demselben Muster ab, bis Annette die Struktur ihrer Interpretation durchschaut hatte. Sie machte sich klar, daß ihr Mann bis jetzt immer wieder unversehrt nach Hause gekommen war und daß sie sich keine Sorgen zu machen brauchte. Damit konnte sie die Interpretation ändern, obwohl die Ausgangssituation dieselbe ist.

Ihre Gedanken sind nun: »Er kommt nach Hause, wenn er die Arbeit beendet hat – und ich kann mir den Abend gönnen und in Ruhe ein Buch lesen.« Damit verändern sich ihre *Gefühle:* Sie kann den Abend gelassen genießen. Damit verändern sich auch ihre *Körpergefühle:* Sie ist ruhig und entspannt, kann gut einschlafen.

Was heißt das für Sie?

Durch das Gewahrwerden des Zusammenhangs zwischen Gedanken, Körperreaktionen und Gefühlen, werden Ihnen Ihre persönlichen und frauentypischen Denk- und Verhaltensmuster bewußt. Wenn Sie immer mehr Ihre eigenen Muster erkennen, können Sie für sich in manchen Punkten konstruktivere Wahlmöglichkeiten und damit neue Denk- und Handlungsalternativen entwickeln.

Erlauben Sie sich, immer tiefer Ihre eigenen Zusammenhänge zu entdecken. Vertrauen Sie Ihrem Körper, er hat seine eigene Weisheit und kann Sie dorthin begleiten, wohin Sie immer schon wollten – zu sich selbst. Fühlen Sie sich rundherum wohl, dann genießen Sie es, freuen Sie sich an dem Gefühl des inneren Friedens und der Harmonie, die sich in Ihrem ganzen Sein ausdrückt. Spüren Sie eine Verspannung, nehmen Sie sie wahr und hören Sie genau hin, was sie Ihnen mitteilen will.

Die Geburt ist nicht ein augenblickliches Ereignis,
sondern ein dauernder Vorgang.
Das Ziel des Lebens ist es, ganz geboren zu werden,
und seine Tragödie, daß die meisten von uns sterben,
bevor sie ganz geboren sind.
Zu leben bedeutet, jede Minute geboren zu werden.
Der Tod tritt ein, wenn die Geburt aufhört.

Erich Fromm

Vom Sex zur Seligkeit

Kein Zweifel – Sex ist ein zentrales Thema in unserem Leben. In der Sexualität spüren wir Verbindung zum anderen, erleben Nähe, fühlen die Wärme seiner Haut, riechen, wie er duftet, fühlen uns lebendig und lebensfroh, heiter und gelöst, freuen uns am Zusammensein mit dem Partner, genießen den Augenblick, lassen uns wohlig treiben... spüren gelegentlich Hemmungen, Unsicherheit, Angst oder fragen:»Das soll schon alles gewesen sein?«

Sex kann bereichernd, ekstatisch, lustvoll, liebevoll, leidenschaftlich, freudig, feurig, wild, sanft, sinnlich, still, zärtlich, zeitlos, aber auch aggressiv, egoistisch, frustrierend, langweilig und lustlos sein.

Sex drückt sich eben in verschiedenen Formen aus und ist von dem Zusammenspiel der Energien der beiden Partner, von ihrem Bewußtsein, von ihrer Bereitschaft, sich einzulassen, von ihren Bedürfnissen, ihrem Vertrauen, ihrer Selbstachtung, ihren Erwartungen, Wünschen, Vorstellungen abhängig. Sex kann mehr als Genitalität sein, kann die ganzen Sinne ansprechen.

Nun haben wir alle mehr oder weniger kultur- und geschlechtsspezifische Denk- und Verhaltensmuster gelernt, die im Bereich der Sexualität besonders klar zum Ausdruck kommen, da Sex bei uns tabuisiert und daher mystifiziert wird. Als Kinder haben wir erlebt, daß die Eltern um ihre Sexualität immer ein Geheimnis gemacht haben – später wollen wir dem Rätsel auf die Spur kommen, erleben die ersten Freuden und die ersten Pleiten.

Es ist noch nie ein Meister vom Himmel gefallen! Da Sex so geheimnisvoll umwoben ist, saugen wir neugierig alle Informationen darüber ein, wissen in der Theorie alles, wenn wir aber in der Praxis Schwierigkeiten haben, wissen wir nicht, wie wir damit umgehen können. Wir haben es nicht gelernt. Genau dadurch ist es wichtig, offen und ehrlich mit dem Partner und mit guten Freunden über unsere Freuden und Leiden bei der Sexualität zu sprechen, uns darüber auszutauschen und uns dadurch mehr Möglichkeiten zu eröffnen, wieder intensivere Freude an der Sexualität zu erfahren, uns sinnlich lebendiger zu fühlen, mit dem Partner zu verschmelzen und wieder Abstand nehmen zu können, uns auf körperlicher Ebene direkt zu spüren, uns dabei zu ent-grenzen und zu erweitern.

Wir erfahren in der Sexualität manchmal jedoch sehr unvermittelt unsere Hemmungen: »Mach ich das auch richtig? Bin ich weiblich genug? Mag mich mein Partner so, wie ich bin?« Und begegnen damit wieder einmal unserer Angst, nicht liebenswert oder »nicht gut genug« zu sein, haben Angst davor, als Frau zu versagen, Angst vor Zurückweisung und zweifeln an der Richtigkeit unseres sexuellen Ausdrucks. Dieser Zweifel hindert uns am unmittelbaren Erleben und am natürlichen Fließen unserer Energie. Ein Teil von uns bewertet und beurteilt den anderen Teil, die Spontaneität geht dabei flöten. Dabei gilt:

Es gibt kein »richtig« oder »falsch« beim Sex, sondern nur die eigene, ganz individuelle Art, sich körperlich-sexuell einzulassen und auszudrücken.

Welche Probleme sich stellen, wenn Frau und Mann die typischen Rollenvorstellungen unbewußt übernommen und beibehalten haben, soll folgendes BEISPIEL zeigen:

Irmgard ist 28, sie ist mit Hans verheiratet. Beide sind auf dem Land aufgewachsen und religiös erzogen worden.

Irmgard erzählt: »Fast jeden Morgen schläft Hans kurz mit mir. Ich bin noch nicht richtig wach – und schon ist er da. Für mich ist das Ganze schrecklich, aber ich laß die Augen zu und denke: ›In 5 Minuten ist alles vorbei.‹ Ich habe mit ihm schon 'mal darüber geredet, aber er hat gemeint, ich sei egoistisch und würde nur an mich denken! Seither mach' ich halt mit nach dem Motto: Er hat recht, und ich hab meine Ruhe!« Befriedigung findet sie im Sex keine, einen Orgasmus erlebt sie höchst selten, abends sucht sie nach immer neuen Ausreden für ihre Lustlosigkeit.

Recht freudvoll ist die Sexualität von Irmgard und Hans nicht. Beide unterliegen den konventionellen Vorstellungen von dem, was Sex in der Ehe zu sein hat: Hans ist der sexuell interessierte und potente Mann, glaubt, er habe dadurch das Recht, mit Irmgard zu schlafen, wann immer er Lust dazu hat. Auf diese Weise drückt er unbewußt seinen männlichen Vorrang, seine Machtstellung innerhalb der Beziehung aus.

> Wo Macht herrscht, wird aus der Lust Last!
> Macht zerstört die Liebe!

Irmgard hat gelernt, daß eine gute Frau »ganz für den Mann dasein muß«, und dazu gehört ihre eheliche Pflichtleistung. Passiv erduldet sie, daß er mit ihr schläft, ist lustlos und bekommt keinen Orgasmus. Sie ist froh, wenn »das Ganze« schnell vorüber ist und glaubt, sich Liebe durch Sex verdienen zu müssen. Sie hat sich zurückgenommen und einen Teil ihrer eigenen Bedürfnisse aufgegeben. Ihr Einspruch gegen das morgendliche Beischlafritual wird von ihrem Mann nicht ernstgenommen. Er weiß, wie er Irmgard wieder zu ihren Liebesdiensten bringt: Er appelliert an ihr weibliches schlechtes Gewissen, indem er sagt: »Sei nicht so egoistisch!« Sie bekommt Schuldgefühle und tut wieder, was er will!

Sie wird von ihm übergangen, ist unglücklich und fühlt sich als Opfer – da kann keine Lust aufkommen.

Doch so lange sich Irmgard als Opfer sieht, hat sie keine andere Wahl und überläßt die Verantwortung für ihre Sexualität und Unlust ihrem Mann. Sie schiebt ihm die Schuld an ihrem Leiden zu und erkennt nicht, daß sie an diesem unbefriedigenden Arrangement selbst beteiligt ist. Wenn sie weiter in Gedanken über ihren Mann schimpft, real aber weiter mit ihm schläft, bleibt sie unglücklich und ändert nichts.

Am Beispiel von Irmgard wird zudem deutlich, daß die Sexualvorstellungen des 19. Jahrhunderts bis heute weiterleben. Zu dieser Zeit wurde der Frau keine eigenständige Sexualität zugebilligt, sie hatte vielmehr die Aufgabe, sittsam und tugendhaft zu sein, dem Mann sexuell zur Verfügung zu stehen, sich ihm zu unterwerfen und Kinder zu gebären. Weiblichkeit wurde auf Gebärfähigkeit und Mütterlichkeit beschränkt. Eigene Lust an Sexualität und die Freude an der eigenen Sinnlichkeit standen der Frau nicht zu; daher unterdrückten Frauen weitgehend ihre sexuellen Bedürfnisse und Wünsche, warteten ab, bis der Mann auf sie zukam. Während die Sexualität der Frau also verleugnet oder entwertet wurde, wurde die des Mannes verherrlicht!

Da Frauen in der damaligen Zeit zu asexuellen Wesen hochstilisiert wurden, konnten sie keine eigenen Vorstellungen über ihre Sexualität entwickeln oder gar leben, blieben daher für Männer ungefährlich. Eine Frau mit eigenen sexuellen Vorstellungen und Ansprüchen kann Unruhe ins eheliche und partnerschaftliche Leben bringen! Sie kann die sexuelle Anziehungskraft des Ehemannes oder Partners immer wieder in Frage stellen und ist nicht mehr so leicht zu kontrollieren!

Was also kann eine Frau wie Irmgard tun, um sexuell erfüllter zu leben?

Zunächst muß sie ihre weiblich-sexuelle Konditionierung erkennen und sehen, daß sie gesellschaftliche Normen übernommen hat. Dann kann sie die Aufmerksamkeit auf sich selbst lenken und sich fragen:

Was will *ich* wirklich?

Wie stelle ich mir eine befriedigende Sexualität mit meinem Mann vor? Welche eigenen positiven sexuellen Vorstellungen, Wünsche entwickle ich? Wie wäre ich gerne mit meinem Mann/Freund sexuell zusammen? Wie rede ich mit ihm darüber, was mir gefällt, was mir mißfällt?

Was hindert mich, meine Sexualität zu genießen? Was habe ich davon, daß ich ja sage, wenn ich nein meine? Wovor schützt mich meine Angst?

Wie gehe ich mit meiner Lust um? Oder wie umgehe ich meine Lust? Will ich überhaupt lustvoller leben?

Jeder Mensch ist für seine Sexualität und für seine Lust und Unlust selbst verantwortlich.

Ganz anders erlebt Monika, 39, ihre Sexualität: Monika fühlt sich für ihre Sexualität und Lebensfreude selbst verantwortlich. Sie lebt mit ihrem Freund Dieter seit drei Jahren zusammen und erzählt:

»Sex ist für mich sehr wichtig und *eine* Ausdrucksform meines Lebens. Ich erlebe Sex zum ersten Mal als befriedigend, weil er über die reine Körperlichkeit hinausgeht. Sex ist für mich eine tiefe Kommunikation mit meinem Freund auf einer direkten, körperlichen und gefühlsmäßigen Ebene – zunächst ist es einfach das Zusammenspiel unserer beider Energien. Bei allen anderen Freunden war es so, daß es um den Orgasmus ging – und das war anstrengend und zugleich langweilig und frustrierend. Mit Dieter kann ich zusammensein – wir spüren uns, halten uns, kuscheln; es ist ein ständiges Geben und Nehmen, ein Wechseln von aktiv und passiv. Manchmal spüren wir uns ganz sanft, sind still und geben dieser Stille Raum. Das ist für mich so wichtig, uns Zeit zu nehmen, die Wellen der Erregung zu spüren, mit ihnen zu fließen, mich von ihnen tragen zu lassen; das ist es, was mich tief befriedigt und das Gefühl von Frieden und Seligkeit vermittelt.«

Das hört sich sehr schön und harmonisch an. War das immer so?

Monika lacht:»Nein. Wir haben uns erst aneinander gewöhnen müssen. Wir haben beide Hemmungen gehabt, hatten Angst, uns zu verlieren, Angst, außer Kontrolle zu geraten, Angst vor den Wellen der Lust. Doch wir haben weiter geübt, den Humor dabei nicht verloren, und haben gelernt, uns jedes Mal ein klein wenig mehr zu vertrauen, uns immer tiefer einzulassen. Wir sprechen über unsere tiefsten Ängste, Zweifel, unsere Zuneigungen, Wünsche, während wir zusammen sind – das schafft so ein Klima des Vertrauens, daß wir uns immer mehr öffnen können. Es macht einfach Spaß und ist auch inzwischen sehr lustvoll und noch mehr, mit Dieter zusammenzusein. Wir lernen miteinander, wir erweitern unsere eigenen Begrenzungen – und werden im wahrsten Sinn freier. Unsere Liebe vertieft sich und wächst dadurch.«

Monika und Dieter verstehen unter Sexualität einen Prozeß, bei dem sich beide mit demselben Partner tiefer und tiefer einlassen, dabei mehr und mehr ihre Freude und Lust entdecken und entwickeln, und ihre Hemmungen, konventionellen Vorstellungen und Erwartungen über Sex, sich selbst und den Partner loslassen und aufeinander unvoreingenommen eingehen. Vergangenheit und Zukunft sind vergessen, es gibt nur das Gefühl des ewigen *Jetzt*. Hingabe an den Augenblick. Offen sein, ganz gegenwärtig sein, wach und doch entspannt. Die Energien fließen miteinander, und durch das Freilassen ihrer eigenen Energie erfahren sie dieses Fließen und Strömen als beglückend bereichernd, erfüllend und sind dankbar für das Geschenk des Augenblicks.

Sexualität ist eine Kunst,
die wir entwickeln, genießen und verfeinern können.

Dazu gehört, daß wir üben! Das übersehen wir oft! Sexualität hat 1000 Gesichter, 1000 Melodien. Es kommt nicht darauf an, welche Melodie gespielt wird, sondern wie sie gespielt wird. Wenn die Musiker mit ihrem Herzen dabei sind, wird es eine erfüllende, berührende und lebendige Melodie. Sind sie mit dem Verstand oder aus Gewohnheit dabei, dann klingt das mechanisch und lustlos.

Machen Sie sich immer wieder klar, daß Sie für Ihre Sexualität, Ihr Vergnügen und Ihre Freude verantwortlich sind. Wenn Sie beim Sex denken: »Ach, bin ich verkrampft, oh, jetzt sieht er meine dicken Oberschenkel...«, dann schaffen Sie gute Voraussetzungen, frustriert zu werden. Vertrauen Sie sich, lassen Sie sich von Ihrer Intuition inspirieren und überlassen Sie sich Ihrer Energie.

Wenn Sie sich nach dem sexuellen Beisammensein mit einem Menschen von innen heraus wohlfühlen, dann sind Sie auf dem Weg, der Ihnen und Ihrem Partner guttut, dann folgen Sie Ihrer inneren Wahrheit. Fühlen Sie sich unwohl, dann fragen Sie sich, ob Sie etwas zugelassen haben, das Sie nicht mochten oder ob Sie sich in Ihrer Lebendigkeit zurückgehalten haben und gehen das nächste Mal *einen* Schritt in Ihre eigene Richtung weiter und erlauben Sie sich, ein wenig zu experimentieren. Überraschen Sie sich einmal! Sex muß nicht ernst sein!

Sie müssen mit *keinem* Mann schlafen, bloß weil *er* es will – es sei denn, Sie wollen leiden und unglücklich sein! Und wer will das wirklich? Lassen Sie sich nicht von Ihren Schuldgefühlen leiten, Sie haben das Recht, nein zu sagen. Wenn er damit nicht klar kommt, ist das sein Problem. Dann hat *er* etwas zu lernen.

Erlauben Sie sich zunehmend, Ihrer eigenen inneren Stimme zu vertrauen! Sagen Sie ja, wenn Sie ja meinen und nein, wenn Sie nein meinen, auch wenn's schwerfällt. Wer sagt denn, daß es leicht gehen muß? Sie allein wissen, was für Sie im Augenblick richtig ist!

Wenn Sie ja sagen, obwohl Sie nein meinen, geht das letztlich gegen Ihr Selbstvertrauen und gegen Ihre Selbstachtung. Sie werden innerlich sauer auf den Mann, weil er Ihnen – wie Sie glauben – etwas angetan hat – und werden sauer auf sich, weil Sie es zugelassen haben. Wenn Sie oft ja sagen, wenn Sie nein meinen, dann verlieren Sie die Lust an Sex und erfinden unsäglich viele Ausreden, um mit Ihrem Partner nicht schlafen zu müssen. Damit ist niemandem geholfen!

Die andere Seite ist die, daß Frauen ihre Sexualität dazu

benutzen, sich Männern zu verweigern und um Macht über sie zu haben. Sie benutzen das Mittel der Verweigerung,um sich am Mann zu rächen, um ihn niederzuhalten, um ihn leiden zu lassen. Sex als Machtmittel ist berechnend, die tiefe Freude und das Vertrauen, das durch Hingabe entsteht, kann dadurch nicht erfahren werden.

Nehmen Sie bewußt wahr, wie Sie mit Ihrer Sexualität umgehen und was Sie wirklich wollen.

Es gibt Zeiten, in denen es wichtig sein kann, mit verschiedenen Männern sexuell zusammenzusein. Dadurch können Sie sich ausprobieren, Vorlieben entdecken, lernen, sich auf diesem Gebiet mehr zu vertrauen. Sie erkennen, wie unterschiedlich Energien sind, lernen, das Spiel der Sinnlichkeit zu genießen, sich daran zu erfreuen und können auch über Sex zum Kern Ihres Wesens kommen.

Und es kann sein, daß Sie sich entscheiden, mit einem Partner zusammenzusein und die Tiefe der Sexualität mit ihm ausloten, austauschen und auskosten wollen.

Sexualität kann zu einer tiefen geistig-seelisch-körperlichen Erfahrung für beide Partner werden, zu einer Erfahrung, die Sie beide bereichert, erneuert und Ihr gegenseitiges Vertrauen verstärkt und vertieft.

- Vergessen Sie alle Vorstellungen von Sex und entwickeln Sie mit Ihrem Partner Ihre eigenen Formen.
- Erlauben Sie sich, sich in Ihrem Körper wohlzufühlen, mit Ihren Energien zu fließen und spielerisch zu sein.
- Vertrauen Sie Ihrer Intuition.
- Entdecken Sie Ihre eigene Lust, freuen Sie sich daran, genießen Sie es, sich auszudrücken.
- Nehmen Sie alle Gefühle und Gedanken an. Vertrauen Sie der Weisheit Ihres Körpers, lassen sich durch die Wellen der Erregung über Ihre Grenzen hinaustragen und erlauben Sie sich, Ihre innewohnende überfließende Liebe heiteren Herzens zu teilen.

Je mehr Sie sich vertrauen und je unbefangener Sie sind, desto mehr können Sie sich dem Augenblick hingeben und mit den Energien fließen. Dadurch spüren Sie, wie lebendig Sie sind. Sie empfinden eine verloren geglaubte Heiterkeit, die unter festen Vorstellungen, Angst und Verspannungen verschüttet war. Ein heiteres Herz ist die Quelle unschätzbarer Seligkeit und Zuversicht, ist die Quelle allen Vertrauens. Das heitere Herz sprengt die Fesseln des Verstandes, schenkt Liebe, Freiheit, Freude und Verantwortung für das eigene Sein, auch für die eigene Sexualität. Sich selbst und den Partner zu entdecken ist ein aufregendes, lohnendes Abenteuer.

Und akzeptieren Sie, wenn Sie sich zurückhalten. Kämpfen Sie nicht dagegen. Ihr inneres Kind braucht Zeit, Geduld, Liebe. Sie müssen sich niemandem gegenüber beweisen. Sie können sich sein-lassen und einlassen. Das Akzeptieren Ihrer Zurückhaltung ist der erste Schritt zur Befreiung.

Übung:
Nehmen Sie sich Zeit, über diese Fragen in aller Ruhe nachzudenken, nachzuspüren:

Welche Fantasien haben Sie über ein bereicherndes und erfüllendes Sexualleben? Stellen Sie sich das bildhaft vor. Erlauben Sie sich dabei, Ihre Lust zu fühlen und Ihren Körper zu spüren. Wie fühlen Sie sich dabei?
Was ist für Sie besonders lustvoll? Wodurch teilen Sie das Ihrem Partner mit?
Was wollen Sie nicht? Wie drücken Sie das aus?
Wie ist es für Sie, aktiv/passiv zu sein?
Geben Sie sich die Freiheit, sich neugierig immer tiefer einzulassen – und dann auch Angst zu spüren.
Wie drückt sich bei Ihnen Angst in Ihrer Sexualität aus?
Schauen Sie diese Angst an – was steckt hinter der Angst?
Dann richten Sie Ihre Aufmerksamkeit wieder auf das Zusammensein mit Ihrem Partner und lassen sich trotz Ihrer Angst ein Stückchen weiter ein.
Vertrauen Sie Ihrer Energie und Intuition. Vertrauen heißt:

die Angst verlieren. Durch Ihr eigenes Vertrauen erlauben Sie auch Ihrem Partner, sich selbst mehr zu vertrauen und einzulassen.

Wodurch zeigen Sie ihm Ihre Freude, Liebe und Dankbarkeit? Tauschen Sie sich immer wieder mit Ihrem Partner aus; dadurch entsteht eine Atmosphäre von Offenheit und Nähe, die das Vertrauen vertieft und Sie beide sind ermutigt, sich immer mehr zu zeigen und sich des Lebens zu freuen.

Entspann dich, genieß den Augenblick
und du erfährst, wer du wirklich bist.
Manibhou

Vision

Visionen verändern Ihr Leben.

Visionen helfen Ihnen, bewußt eine konstruktive Zukunft zu schaffen.

Visionen bündeln Ihre Energien und lenken sie in eine bestimmte Richtung.

Visionen erleichtern das Leben, da Sie wissen, was Ihnen wichtig ist.

Visionen geben Ihnen Kraft, sich für *Ihre* Sache einzusetzen und dabei zu bleiben.

Eine Vision gibt Ihnen die bildhafte Vorstellung von dem, wie Sie leben wollen. Sie gibt unserem Leben eine eigene Struktur, dadurch auch eine gewisse Orientierung, dennoch sind Visionen weit, da sie Ihnen die verschiedensten Möglichkeiten offenlassen, sie zu verwirklichen.

Damit eine Vision Wirklichkeit werden kann, müssen mehrere Bedingungen erfüllt sein:

- Sie muß konstruktiv sein. Dadurch können Sie Ihre Gedanken, Gefühle, Entscheidungen und Handlungen in eine positive, lebensbejahende Richtung lenken.
- Sie muß klar und einfach sein. Dadurch bündeln Sie Ihre Aufmerksamkeit und setzen Ihre Energien zielführend ein.

- Sie muß konkret sein. So, daß Sie sich Ihre Vision bildhaft-konkret vorstellen können. Stellen Sie sich Ihre Vision so vor, als ob sie bereits Gegenwart wäre... wie wollen Sie leben? Wenn Sie Ihre Vision empfangen haben, dann können Sie von der Vision zur Gegenwart denken und überlegen, wie Sie diese Vision umsetzen.

Sie können sich ein Symbol oder Bild Ihrer Vision aufmalen, so daß Sie sich immer wieder daran erinnern und »am Ball bleiben.«

ÜBUNG:
Entspannen Sie sich und überlegen Sie einmal:
Was ist Ihre höchste Vorstellung von dem, wie Sie leben wollen?

Nehmen Sie sich Zeit dafür und vertrauen Sie Ihrer Energie. Vielleicht kommen Ihnen bildhaft-konkrete Vorstellungen. Vielleicht Sätze. Vielleicht wissen Sie ohnehin, wie Sie leben wollen.

Erlauben Sie sich, Ihre höchste Vorstellung, wie Sie leben wollen, zu empfangen. Denn nur dann können Sie daran gehen, diese Vision in die Tat umzusetzen, sie zu verwirklichen. Sie haben die Wahl, Ihre Zukunft aktiv zu beeinflussen. Und es geht nicht darum, daß Sie diese eine Vision bis ans Lebensende behalten, Sie können immer wieder eine neue Vision kreieren und sie umsetzen. Es geht vielmehr um die Qualität Ihres Lebens. Denken Sie immer daran, das Lebensbejahende in sich zu stärken, die Liebe zu sich zu vertiefen und wählen Sie Visionen, die Ihren höchsten Vorstellungen entsprechen.

Mit dieser bewußten und höchsten Vorstellung, von dem, wie Sie leben wollen, können Sie weiterhin demselben Beruf nachgehen, mit demselben Mann zusammenleben, nur mit einer qualitativ veränderten Ausrichtung.

Wenn zum Beispiel meine höchste Vorstellung ist, »das, was ich tu', tu' ich total«, dann bedeutet das, daß ich bei allem, was ich tue, mich rückhaltlos auf etwas einlasse. Ich registriere, wann ich mich zurückhalte; wie ich mich fühle, wenn ich etwas total tue oder eben nicht. Ich kann meine Ängste, Zweifel spüren und mir gestatten, das nächste Mal bei einer ähnlichen Gelegenheit über meine bisherige Grenze hinauszugehen, mich ganz einzubringen und tiefer einzulassen und kann wahrnehmen, was sich dann verändert. Das heißt, daß mir durch die bewußte Ausrichtung auf die konstruktive Seite auch Zweifel und Ängste mit hochkommen. Ich schaue sie mir an, akzeptiere, daß sie da sind, atme tief durch, anerkenne, daß ich nicht perfekt bin und wende mich wieder meinen Aufgaben zu.

Geben Sie sich die Freiheit und erlauben Sie sich, eine eigene Struktur aufzubauen, Ihre eigene, innere Kraft zuzulassen, sich zu vertrauen und Ihre Energie *für* Ihr eigenes Leben konstruktiv nutzen.

Gerade für Frauen ist es notwendig, daß sie sich *eigene Visionen* vom Leben – unabhängig vom Mann – kreieren und diese umsetzen. So wie jeder Vogel seine eigene Melodie trällert, kann jede Frau auf ihre besondere Weise ihr Lied singen und ihre eigene Melodie zum Orchester beitragen.

Eine Vision ist wie ein Same, der in den Boden gesetzt wurde. Damit die Pflanze Wurzeln treiben und zugleich in die Höhe wachsen kann, braucht sie eine gute, regelmäßige Pflege. Sie muß regelmäßig gegossen und gedüngt werden, sie braucht Luft und Licht, damit die Knospen sprießen und durch die Wärme der Sonne allmählich aufblühen können.

Wenn Sie Ihr Leben nach Ihrer höchsten Vorstellung ausrichten, dann gewinnt diese klare Vorstellung zunehmend an Bedeutung für Ihr tägliches Leben. Sie erkennen und wissen, daß Sie konkrete Ziele und Einzelmaßnahmen brauchen, um Ihre Vision im Alltag umzusetzen.

Aus der Graphik (s. S. 173) läßt sich entnehmen, daß die Verwirklichung einer Vision verschiedene Ziele mit unterschiedlichen Maßnahmen mit sich bringt.

Um keine Überforderung aufkommen zu lassen, ist es sinnvoll, für einen Zeitraum von drei Monaten sich in erster Linie mit einem einzigen Ziel zu beschäftigen, zum Beispiel mit dem Körper. Wählen Sie die Ziele so, daß sie realistisch sind, wenn Sie sich zu hohe Ziele setzen, dann ist die Wahrscheinlichkeit groß, daß Sie binnen kurzer Zeit aufgeben!

Sie erleben, welche Kraft Sie aus Ihrer Vision schöpfen und spüren, daß Sie immer mehr an Selbstvertrauen, Mut und Zuversicht gewinnen, je öfter Sie Ihre konkreten Maßnahmen in die Tat umsetzen. Gleichzeitig entwickelt sich eine innere Stärke, Sicherheit und Klarheit, Sie erfahren eine tiefe Freude und Befriedigung, weil Sie so leben, wie es Ihrem inneren Herzenswunsch und Wesen entspricht.

Denken Sie immer wieder daran, letztlich erschaffen Sie durch Ihre Gedanken Ihre Wirklichkeit. Gedanken haben ungeheure Macht – ob in negativer oder konstruktiver Richtung. Je bewußter Sie mit Ihren Gedanken umgehen, desto selbstbestimmter und leichter wird Ihr Leben.

Damit Ihre Vision an Kraft gewinnt, schreiben Sie sie auf. Erfinden Sie ein Symbol dafür, das Sie sichtbar aufhängen, damit Sie täglich daran erinnert werden, was Sie wollen. Wenn Sie abends im Bett liegen: Stellen Sie sich Ihre Vision, Ihr aktuelles Ziel vor, so als ob Sie es bereits erreicht hätten. Das gibt Ihnen auf einer bildhaften Ebene Sicherheit und Klarheit, daß Sie Ihr Ziel erreichen. Und schauen Sie dann vom erreichten Ziel her zurück, welche konkreten Einzelmaßnahmen Sie erfüllt haben, wie Sie konstruktiv mit Hindernissen umgegangen sind. Sie üben auf diese Weise gedanklich bildhaft neue Verhaltensweisen ein, so daß es Ihnen leichter fällt, sie zu verwirklichen.

Affirmationen

Affirmationen sind konstruktive, lebensbejahende Suggestionen, die Sie auf Ihrem Weg zu Ihrer Vision, auf dem Weg zu Zielen zusätzlich unterstützen. Sie sind ein Ausgleich zu den vielen Negativsuggestionen, die wir in unserer Kindheit gehört haben und führen dazu, daß wir uns mehr vertrauen und zutrauen, daß wir uns mehr akzeptieren und lebendigere und liebevollere Beziehungen zu anderen Menschen

Vision
Höchste Vorstellung

»Ich liebe mich, so wie ich bin«

Wie kann ich diese Vision verwirklichen?
Was tue ich dafür?

Ziel
Wodurch drücke ich meine Liebe zu meinem Körper aus?

Maßnahmen
- gesund Essen
- Ruhe
- Bewegung
- frische Luft
- Sauna
- Wärme, Nähe

Ziel
Wodurch drücke ich meine Liebe zu meiner Arbeit aus?

Maßnahmen
- Welche Gedanken unterstützen mich?
- Mache ich meinen Wert von guten Leistungen abhängig?
- Wie mache ich aus Schwächen Stärken?

Ziel
Wodurch drücke ich meine Liebe zu mir in Beziehungen aus?

Maßnahmen
- Wann passe ich mich mehr an als mir gut tut?
- Sage ich »stop«, wenn er meine Grenzen überschreitet?
- Wie gehe ich mit meinen Gefühlen um?
- Wie drücke ich meine Liebe aus?
- Wie gehe ich mit Nähe um?

entwickeln. Durch Affirmationen öffnen Sie sich für neue Möglichkeiten.

Viele Menschen kritisieren sich innerlich unentwegt, sind unzufrieden mit dem, wie sie sich gerade jetzt fühlen oder verhalten. In Gedanken bewerten sie sich ständig negativ, sind »nicht gut genug, nicht liebenswert genug«. Sie können beginnen, damit aufzuhören. Sie verschwenden nur wertvolle Kraft und Zeit.

Das Komische ist, daß wir viel leichter negativen, überkritischen Sätzen Glauben schenken und diese für die Wahrheit halten. Wenn uns gesagt wird: »Du bist nicht liebenswert«, dann halten wir das eher für zutreffend. Wenn uns jemand sagt: »Du bist liebenswert«, dann zweifeln wir an der Glaubwürdigkeit dieser Aussage, denn uns fallen sofort unsere Defizite ein.

Konstruktive Affirmationen lenken den Blick auf unsere positiven Fähigkeiten und Eigenschaften, auf innere Kräfte, die wir noch nicht genug anerkannt haben oder die wir weiterentwickeln wollen. Gedanken sind unglaublich starke Kräfte, die wir *für* unsere Entwicklung nutzen oder *gegen* uns einsetzen können. Die Frage ist: Sind Sie wirklich bereit, liebevoll und konstruktiv zu leben?

Wenn Sie diese Frage mit einem klaren ja beantworten, ohne den geringsten Zweifel, dann sind Sie auch bereit, die Arbeit dafür zu tun. Wenn Sie bemerken, daß Sie negativ über sich denken, dann können Sie diese Gedanken abbrechen. Und: Sie können negative *Affirmationen* durch positive ersetzen.

NEGATIV	KONSTRUKTIV
Laß dir nichts anmerken!	Ich habe das Recht, meine Gedanken und Gefühle auszudrücken.
Ich bin nicht schön genug.	Ich nehme mich an, so wie ich bin.
Ohne Mann bin ich nicht vollwertig.	Ich bin liebenswert, so wie ich bin.

Immer muß ich was für andere tun!	Ich erlaube mir, Zeit für mich zu haben.
Nie kann ich ausspannen!	Ich kann mir gestatten, mich jeden Tag zu entspannen.
Ich muß perfekt sein!	Ich habe das Recht, ich selbst zu sein.
Beeil dich!	Ich erlaube mir, die Zeit zu nehmen, die ich brauche.
Ich bin nicht gut genug.	Ich bin gut genug.

Affirmationen, die folgendermaßen beginnen: »Ich möchte eigentlich...« – »Ich könnte ja versuchen...« – »Ich will in Zukunft nicht mehr...« – »Es wäre so schön, wenn ich... hätte« – »Ich sollte nicht mehr...« – »Ich müßte 'mal...« haben keine Power, weil schon der Satzbeginn im Konjunktiv steht.

Im Lauf dieses Buches haben Sie die verschiedensten Affirmationen gelesen und dadurch ein Gespür dafür entwickelt, welche Merkmale Affirmationen haben müssen, um wirksam zu sein. Sie sollen *kurz, klar, konstruktiv* und in *Gegenwartsform* sein.

BEISPIELE:
»Ich, Claudia, bin liebenswert.«
»Ich erreiche mein Ziel leicht und sicher.«
»Ich arbeite gern mit anderen Menschen zusammen.«
»Ich genieße es, allein zu sein und ich genieße es, mit meinem Partner zusammenzusein.«
Sinnvolle, lebensbejahende Affirmationen können beginnen mit: »Ich bin...« – » Ich kann...« – »Ich habe das Recht...« – »Ich erlaube mir...« – »Es ist leicht für mich...«
Sie können Ihren Namen einbeziehen: »Ich, Ingrid, habe das Recht...« Sie können Affirmationen auch abwechselnd in »Ich-Form« und in »Du-Form« sagen.
Entwickeln Sie Sätze, die für Sie stimmen. Es geht nicht darum, negative Gedanken zu unterdrücken, ihnen die Existenz abzusprechen. Doch es geht darum, die Energie von

der Negativität abzuziehen und die konstruktive Seite des Lebens zu fördern. Geben Sie sich die Erlaubnis, in Ihr Repertoire weitere lebensbejahende Sätze für sich zu bestimmten Themenbereichen zu entwickeln.

Sie können Affirmationen aufschreiben, auf eine Endloskassette sprechen und zum Beispiel beim Autofahren oder bei der Hausarbeit hören. Sie können sie auf kleine Kärtchen schreiben und in die Handtasche stecken, so daß Sie sie unterwegs immer wieder hervorholen und lesen können.

Wenn Sie mit der Affirmationsarbeit beginnen, wird Ihr Verstand wahrscheinlich schnell dagegen rebellieren, weil er etwas Neues lernen soll. Er wird die alten Negativprogramme daherplappern, weil er sie kennt. Er wird Sie von den neuen Affirmationen ablenken wollen, so daß Sie zum Gewohnten zurückkehren. In dieser Phase ist es wichtig, daß Sie anerkennen und akzeptieren, daß dies Ihre bisherigen vertrauten Gedanken waren... dann gehen Sie wieder zu den neuen Affirmationen über.

Wenn Sie Ihre Aufmerkamkeit auf die neuen, konstruktiven Affirmationen lenken, dann werden nach und nach die alten Negativstimmen leiser und leiser. Das erfordert permanentes Wahrnehmen und Beobachten Ihrer Gedanken und wiederholte Einübung der neuen Sätze. Sie haben über einen jahrelangen Zeitraum die alten Negativgedanken eingeübt und automatisiert, so brauchen Sie einige Zeit zum Üben, bis Sie diesen Negativkreislauf unterbrochen und den neuen gelernt haben. Stellen Sie sich vor, wie oft ein Kind in der Schule das Einmaleins geübt hat, bevor es das konnte!

Wenn Sie Ihre Vision von dem, wie Sie leben wollen, entwickelt haben, wenn Sie an einem bestimmten Thema, zum Beispiel Gesundheit, Erfolg, Ziele erreichen, lebendige Partnerschaft, arbeiten und sich mit Affirmationen unterstützen wollen, so wählen Sie zu diesem Thema vier bis acht Affirmationen, die Sie dann über einen Zeitraum von mindestens vier Wochen täglich so oft wie möglich wiederholen.

Überlegen Sie einmal, mit welchen Gedanken Sie den Tag beginnen und wie diese Gedanken Ihre Gefühle und den

Ablauf des Tages beeinflussen. Entwickeln Sie für sich lebensbejahende Affirmationen, die Sie morgens vor dem Aufstehen zu sich sagen, Sätze, die Sie auf einen konstruktiven Tag einstimmen, Sätze, die Ihrer höchsten Vorstellung von dem, wie Sie leben wollen, entsprechen. Und wenn Sie abends im Bett liegen, danken Sie für den erlebten Tag und erinnern sich daran, daß Sie liebenswert sind, so wie Sie sind.

Indem Sie mit Ihrer Vision, Zielen und Affirmationen arbeiten, zeigen Sie Ihrem Unterbewußtsein, daß Sie Vertrauen in Ihre Fähigkeiten haben, daß Sie Ihre Bedürfnisse ernst nehmen, daß Sie Ihr Leben selbst bestimmen und planen können, daß Sie Ihre Energie und innewohnenden Kräfte *für* sich einsetzen. Dadurch verstärkt sich weiterhin Ihr Vertrauen in sich, Sie können ein positives Selbstwertgefühl aufbauen, da Sie meistens das tun, was Sie Ihren höchsten Vorstellungen vom Leben näherbringt. Und wenn's mal nicht geklappt hat, machen Sie eben am nächsten Tag wieder weiter.

Meditation

Gedanken
wie ein Schwarm Krähen.
Eine Menge Lärm.
Dann sind sie weg,
und nur die Blumen
und die Stille des Herzens.
G. Deuter

Jeder Mensch hat schon meditiert, etwa ganz bewußt einem Sonnenuntergang zugeschaut. Oder bei geschlossenen Augen dem Gluckern und Gurgeln eines Bächleins gelauscht. Oder der Melodie einer Schwarzdrossel zugehört...

Immer mehr Menschen meditieren regelmäßig. Sie spüren, wie ihnen Meditation guttut.

Sie bekommen durch Meditation einen Abstand zum Alltag.
Sie werden ruhiger, gelassener, sicherer.

Sie werden bewußter, klarer, entwickeln mehr Verständnis für sich und andere Menschen.
Sie erfahren inneren Frieden, umfassende Liebe und eine Heiterkeit des Herzens
Sie fühlen sich mit allem tief verbunden.
Sie fühlen sich voll Selbstvertrauen und Dankbarkeit dem Leben gegenüber.

Beim Meditieren geht es nicht um das Analysieren von Zusammenhängen, auch nicht um Konzentration.

Worum geht es beim Meditieren dann? Es geht um das Wahrnehmen dessen, was im Augenblick gerade ist. Sie beobachten zum Beispiel Ihre Gedanken, nehmen bewußt wahr, was Sie gerade *jetzt* denken. Normalerweise bewerten wir, beurteilen wir ständig und sagen: »Ah, dies ist gut« und »Oh, das ist schlecht.« In der Meditation nehmen Sie einfach wahr, was ist – nehmen die »guten« Gedanken wahr ebenso wie die »schlechten«. Sie halten an nichts fest.

Für die Meditation gilt: Keine Bewertung, keine Beurteilung Ihrer Wahrnehmungen. Gleich-gültiges Anschauen dessen, was ist. Und wenn Sie feststellen, daß Sie Ihre Gedanken beurteilen, dann nehmen Sie dies einfach wahr. Bekämpfen Sie die Beurteilung Ihrer Gedanken nicht. Beobachten Sie entspannt, was ist. …Und so wie die Wolken am Himmel vorüberziehen, so ziehen auch Gedankengebilde vorüber.

Erlauben Sie sich dabei zu entspannen. Wenn Sie entspannt sind, nehmen Sie klarer und deutlich wahr, was ist.

Es gibt die verschiedensten Techniken, die zur Meditation hinführen. Alle Techniken sind Einführungen, Einstimmungen, Vorbereitungen. Es gibt strukturierte, dynamische Meditationen (Oshos Meditationen) und stille Meditationen. Zudem kann man aus allem eine Meditation machen – aus dem Geschirrspülen, Radfahren, Duschen, Zähneputzen, Arbeiten, Essen, Gehen, Joggen etc. Immer geht es um nichtwertendes Beobachten und Wahrnehmen dessen, was ist.

Für alle Techniken gilt: Üben Sie *regelmäßig, zur selben Zeit, am selben Ort, nicht mit vollem Magen.*

Hindernisse bei der Meditation

»Was soll denn das Ganze? Da üb' ich schon tagelang – und ich merk' immer noch keinen Unterschied«, beklagen sich manche Menschen. Sie meinen, sie müßten nach einer Woche Erfolge nachweisen können und werden ungeduldig, weil scheinbar nichts passiert ist.

Doch genau durch diese Haltung verhindern Sie, daß sich etwas ändert. Wenn Sie unbedingt ruhiger werden wollen, dann verkrampfen Sie sich, weil Sie auf das Ergebnis schauen, Ruhe erwarten – und dadurch entfernen Sie sich vom gegenwärtigen Augenblick. Sie haben in Ihrer Entwicklung lange gebraucht, um bestimmte Haltungen und Einstellungen zu entwickeln und so brauchen Sie Zeit, neue Dinge zu entwickeln. Beobachten Sie, daß Sie ungeduldig sind, – atmen Sie tief durch und meditieren weiter.

Und dann, wenn Sie es nicht erwarten, wenn Sie nichts wollen, sich nicht anstrengen, wenn Sie weiter vertrauen – geschieht es plötzlich, leicht und mühelos: Sie erleben einen Moment, in dem der Verstand stillsteht – ein Schimmer unendlicher Glückseligkeit und Freiheit, fühlen sich voller Liebe und Freude, losgelöst von allem, was Sie bisher glaubten zu sein und erfahren die überfließende Fülle der Leere. Die Qualität Ihres Seins verändert sich durch diese Erfahrung. Allein durch die Erinnerung daran spüren Sie wieder die Heiterkeit des Herzens.

Gier

Wenn Sie zum Beispiel einmal dieses Glücksgefühl erfahren haben, dann passiert es, daß Sie wieder meditieren und gierig darauf warten, daß sich dieses Gefühl wieder einstellt. Wenn Sie es unbedingt wollen, passiert es nicht, denn Sie akzeptieren und anerkennen nicht, was gerade *jetzt* ist, sondern rennen einem schönen Gefühl, einer schönen Erfahrung hinterher. Das ist nicht nur beim Meditieren so. Wann immer Sie etwas unbedingt wollen, bekommen Sie es nicht, weil Sie viel zu gierig sind.

Nehmen Sie unvoreingenommen wahr, was ist, nehmen

Sie Ihre Gier wahr, geduldig, entspannt und bewußt. Sitzen Sie, ohne etwas Bestimmtes zu wollen, ohne Ziel. Beobachten Sie weiter und lassen Sie sich nicht vom Verstand abhalten, er will immer wieder dazwischen schalten. Und wenn Ihr Verstand wieder einmal sagt, daß Sie doch lieber schlafen sollen, akzeptieren Sie diesen Gedanken, lassen ihn vorüberziehen und bleiben bei der Meditation.

Durch das Meditieren erschaffen Sie einen inneren Raum der Ruhe und bündeln Ihre Energie, die Sie als innere Kraft spüren. Sie stellen einen Abstand zu den Gedanken, Gefühlen her und erleben eine neue Dimension des Seins, die Sie langfristig beflügelt und erhellt.

Üben

Es ist noch kein Meister vom Himmel gefallen!
Beim Meditieren gilt wie beim Lernen auch: Sie müssen üben, üben, üben.
Geben Sie sich selbst ein Versprechen, zum Beispiel für einen Zeitraum von fünf Wochen täglich mindestens 30 Minuten zu meditieren. Machen Sie weiter, auch wenn Sie manchmal keine Lust dazu haben. Geben Sie sich Zeit und die Chance, neue Erfahrungen zu machen!

Atemmeditation

Nehmen Sie sich täglich 30 Minuten ausschließlich für sich selbst Zeit, in der Sie ungestört sind.
Setzen Sie sich aufrecht hin, entweder im Schneidersitz oder auf einen Stuhl.
Schließen Sie Ihre Augen und nehmen wahr, wie Ihr Atem durch die Nase einströmt – und ausströmt. Wenn Sie bemerken, daß Sie in Gedanken abgedriftet sind, dann kehren Sie zum Atem zurück und beobachten von neuem, wie Sie ein- und ausatmen.

Sitzen, atmen,
selig sein.
Sitzen, atmen,
Langweile spüren.

Sitzen, atmen,
wahrnehmen, was ist.

Alleinsein ist nicht Einsamkeit

BEISPIEL:
Sarah ist 38, Lehrerin, geschieden, sie lebt seit zwei Jahren allein. »Wenn ich nur einen Partner hätte, dann wären die Wochenenden nicht so lang. Dann könnten wir spazierengehen, wegfahren oder ins Kino gehen. Dann wäre mein Leben nicht so langweilig und eintönig. An so einem Sonntag im Sommer, wenn alle draußen sind, da hock' ich in meiner Wohnung und denk' mir: ›Warum bin ich so allein? Warum habe ausgerechnet ich keinen Freund?‹ Ich habe eine solche Sehnsucht nach einem Mann. Natürlich gehe ich 'mal mit einer Freundin aus, aber mit einem Mann ist das anders. Und wenn du als Frau in meinem Alter allein weggehst, dann denken doch eh' alle: ›Die hat keinen Mann, die ist wohl auf Suche.‹«

Sarah fühlt sich einsam. Sie bedauert und bemitleidet sich, klagt über ihr Alter und möchte, daß ihr Leben anders ist, als es gerade jetzt ist. Sie akzeptiert nicht, daß sie gegenwärtig allein lebt, flüchtet in die Einsamkeit und damit ins Leiden. Sie fühlt sich ohne Mann weniger wert und hofft auf die Erlösung durch einen Prinzen. Doch keiner küßt sie wach.

Einsamkeit ist das Gefühl, von anderen getrennt und von allem abgeschnitten zu sein. Es ist das Gefühl der inneren Leere, der Verlassenheit und manchmal verbunden mit einer Ruhe- und Rastlosigkeit, um sich von dieser Leere abzulenken. Ein einsamer Mensch hat sich innerlich zurückgezogen und lebt in dem Gefühl, nicht liebenswert zu sein, (denn sonst wäre er ja nicht allein, ist die Grundannahme.) Sarahs Aufmerksamkeit ist darauf gerichtet, was sie *nicht* hat, was ihr fehlt. Was sie sucht, ist Sicherheit und die soll ein Mann ihr geben. Sie sieht das Alleinsein als persönliches Versagen an, glaubt, eine Frau würde erst durch den Mann vollwertig, fühlt sich schuldig, das Ideal von Partnerschaft nicht zu leben. Sie verhält sich passiv und wartet darauf, daß von außen etwas passiert, um ihre Einsamkeit und innere Leere zu vertreiben und macht sich so das Leben schwer. Probate Mittel, die Einsamkeit nicht spüren zu müssen, sind: Fernsehen, Essen, Alkohol, Telefonieren, Aktion aller Art, in Erinnerungen schwelgen oder sich in Tagträume vom besseren, schöneren Leben zu flüchten, sich sehnsuchtsvoll nach einem abwesenden Menschen zu verzehren. Dies kann ein realer Mensch oder ein idealer Traumpartner sein.

Das bedeutet, daß der einsame Mensch gegen seine gegenwärtigen Gefühle, seinen aktuellen Zustand kämpft und sich nicht annimmt, wie er gerade ist. Sarah träumt sich mit einem Idealmann über ihre Einsamkeit hinweg. Er soll ihre Langeweile, die Verlassenheitsgefühle und ihre Zweifel beseitigen. Da er aber nicht da ist, ihre Erwartung nicht erfüllt, ist sie niedergeschlagen, fühlt sich verlassen. Aber selbst wenn er käme, so könnte er ihre Einsamkeit und ihre Leere niemals füllen.

Sarah kann aber lernen, sich mit ihrer Einsamkeit anzufreunden, anstatt dagegen zu kämpfen; sie kann sie akzeptieren und dann in All-Eins-Sein umwandeln und daraus Kraft und Vertrauen schöpfen.

Leicht gesagt, aber wie soll das gehen?

Hier ein Beispiel, wie ich meine Leere zu schätzen lernte. Aus Neugier machte ich vor Jahren einen 14tägigen Meditationskurs mit, nicht ahnend, was auf mich zukommen würde. Ich wollte wissen, was mit mir passiert, wenn ich einmal *keine Ablenkung* mehr hatte.

Es waren zwei Wochen Schweigen. Eine Stunde mit geschlossenen Augen auf einem Meditationshocker knien, eine halbe Stunde gehen wechselten einander ab. Von morgens fünf Uhr bis abends 22 Uhr. Zu Beginn fand ich das sehr spannend – alle möglichen, völlig unzusammenhängenden Gedanken, Bilder, Gefühle, schwirrten in meinem Kopf umher. Sex, schöne Kleider, Urlaubserinnerungen, Arbeit, Essen, Mutter, Vater, Heimatort – ein Videoclip ersten Ranges.

Das sollte Meditation sein? Dann kamen die Schmerzen im Rücken. Es war die Hölle. Ich hatte das Gefühl, in der Mitte auseinanderzubrechen und glaubte, die Stunde im Sitzen nicht auszuhalten. Ständig bewegte ich mich leicht hin und her. Der Schmerz nahm meine Aufmerksamkeit so gefangen, daß ich nur noch den rettenden Gong herbeisehnte. Der war es, der mich von meiner Qual erlösen sollte. Fixiert auf meine Schmerzen und den Gong ging die Zeit nicht vorbei! Das sollte Meditation sein? Nun entwickelte ich eine neue Methode: Ich bewegte mich nicht mehr und beobachtete meinen Schmerz, ich kämpfte nicht mehr gegen ihn. Und siehe da – etwas Unerwartetes passierte: Ich bemerkte, wie er sich den Rücken rauf und runter bewegte und schließlich verschwand. Wunderbar, dachte ich! Nun kann ich also in aller Ruhe meditieren, ganz im All-Eins-Sein aufgehen, wobei ich keine Ahnung hatte, was das sein sollte. Doch weit gefehlt – nachdem der Schmerz aufgehört hatte, fühlte ich mich einsam, verlassen. Ich bemitleidete mich, daß ich diesen schrecklichen Kursus gebucht hatte!

Und dann überraschte mich wieder etwas völlig Neues: Für einen Moment war nichts da... nur eine Leere und zugleich eine unendliche Weite... Und dann begann ich, mich zu langweilen. Das Gefühl kannte ich, so war ich wieder in Sicherheit. »Wann kommt endlich der Gong?«, »Scheiß-Meditation!« war meine konsequente Antwort auf dieses lästige Rumsitzen. Ich war wütend und hatte die Nase voll. »Wie lange noch?« Da kam mir die Erleuchtung, wie ich die Zeit sinnvoll rumbringen konnte: Ich erfand im Geist Liebesromane, hielt mich für die Größte, doch die Meditationslehrerin, die mich sprechen wollte, sagte: »Du kannst nach Hause gehen. Du weichst aus! Urteile nicht, beobachte, nimm einfach wahr, was ist.« Oh je.

Ich saß also wieder da – und beobachtete, wie ich mich langweilte, wie ich ungeduldig war oder mich ärgerte, *ohne* dagegen zu kämpfen. Und dann wieder – die Leere! Nichts! Ich fühlte mich hoffnungslos verloren, einsam, verlassen! Niemand war da, der mich in den Arm nahm. Keine Rettung durch schöne Gedanken war mehr möglich. Ich hatte Angst und das Gefühl, in einen Abgrund zu fallen, ins schwarze Loch. Ich konnte mich nirgendwo festhalten... ich fühlte mich bodenlos verlassen und völlig unsicher, hätte gerne jemanden gehabt, der mir Geborgenheit und Sicherheit gegeben hätte. Doch plötzlich veränderte sich meine ganze Wahrnehmung: Schlagartig erkannte ich, daß Angst, Wut, die ganzen Gefühle und Gedanken, nichts, aber auch gar nichts mit der realen äußeren Situation zu tun hatten. Ich hatte sie seit ewigen Zeiten in mir gespeichert... sie kamen eben durch die Meditation ans Tageslicht.

Und dann – eines Augenblicks – ich saß einfach da, wartete nicht auf den Gong, hatte keine Schmerzen – erlebte ich eine überfließende Fülle in der Leere, die Ruhe hinter allen Gedanken und Gefühlen, die absolute Bejahung des Lebens, spürte eine mir innewohnende lebendige Energie und Lebenskraft, ein grundlegendes Vertrauen in das Leben, erfuhr eine nie gekannte Glückseligkeit und Liebe, fühlte mich mit allem verbunden – war Teil des Universums und war unendlich dankbar. ... Ich weiß nicht, ob diese Erfahrung Sekunden oder Minuten gedauert hat, jedenfalls hatte ich damals zum ersten Mal bewußt das Gefühl des All-Eins-Seins erfahren.

Schon, wenn ich mich daran erinnere, fühle ich mich wieder mit allem verbunden und an den Strom universeller Energie angeschlossen.

Einsamkeit ist ein Gefühl, das wir alle kennen... wenn uns der Freund verläßt, wenn eine Arbeit zu Ende ist, wenn wir abends auf den Mann warten, der immer noch nicht zu Hause ist, wenn wir allein in Urlaub fahren, bevor wir eine Entscheidung fällen, wenn uns der Ehemann oder Freund nicht versteht oder seine eigenen Wege geht, wenn wir gegenwärtig mit keinem Mann oder einer Frau befreundet sind, wenn die Kinder aus dem Haus gehen, wenn ein uns nahestehender Mensch stirbt.

Wir haben Angst vor einer Trennung, Angst vor der Erkenntnis, letztlich allein dazustehen, weil dies zunächst frühkindliche Erfahrungsmuster reaktiviert. Als Kinder haben wir erlebt, daß wir von den Eltern für eine Weile alleingelassen worden waren, vermeintlich oder real. Das hat Gefühle der Hilflosigkeit, Ohnmacht, Wut, Schmerz, Ärger, Niedergeschlagenheit, Enttäuschung, der Leere und der Angst zu sterben, erzeugt. Diese Gefühle können im erwachsenen Alter in oben beschriebenen Situationen erneut auftauchen.

Heute jedoch – und das ist der große Unterschied zu der Kindheitssituation – ist unser Überleben nicht mehr von der Fürsorge der Eltern abhängig. Wir sind nicht mehr unbedingt auf die Liebe unserer Bezugspersonen angewiesen. Wir können selbst für uns sorgen und Partner oder Partnerinnen, Freundinnen selbst wählen. Wir können zu einem Freund oder einer Freundin gehen, wenn es uns schlecht geht, wir können uns in den Arm nehmen lassen, wir können unsere Freude und Liebe mit ihnen teilen. Jetzt haben wir die Wahlfreiheit, die wir als Kinder nicht hatten.

Wir können heute der Tatsache ins Auge sehen, daß wir tatsächlich allein sind. Wir werden allein geboren, wir sterben allein. Wir machen alleine Prüfungen, treffen Entscheidungen letztlich allein.

Der einsame Mensch hat Sehnsucht nach jemandem, er will geliebt werden, weil er nicht glaubt, liebenswert zu sein. Da er sich für wertlos hält, soll ein anderer Mensch ihn von außen bestätigen und seine Bedürfnisse nach Liebe befriedigen. Er fühlt sich verlassen, ohne Sicherheit und will von außen Sicherheit bekommen. Das ist ein Faß ohne Boden.

Ein einsamer Mensch wartet und fragt: »Warum liebt mich niemand?« Ein anderer sagt zu ihm: »Wieso liebst du niemand?«

Dadurch macht er sich von der Liebe, Zuwendung und Nähe anderer abhängig. Er will geliebt werden, aber selbst lieben? Wirklich lieben kann nur jemand, der sich selbst liebt.

Um aus der Einsamkeit herauszukommen ist es daher notwendig, sich selbst lieben zu lernen, die Sicherheit in sich selbst zu finden. Dazu gehört, sich selbst Gutes zu tun – sich

Zeit für angenehme Dinge zu nehmen, sich zu erlauben, gelegentlich verschwenderisch zu sein, sich mit Freunden zusammenzusetzen und Gedanken und Gefühle auszutauschen. Dazu gehört auch zu akzeptieren, daß es Zeiten gibt, mit einem Mann zusammenzuleben und daß es Zeiten gibt, allein zu sein. Dazu gehört auch, immer wieder über den eigenen Schatten zu springen und Neues zu tun, denn durch das Tun gewinnt frau Sicherheit, die aus ihr selbst kommt.

Frauen fällt das aufgrund ihrer Erziehung schwer, allein zu leben. Sie haben vornehmlich gelernt, sich über den Mann zu definieren, ihn als Sinn und Halt zu sehen. Wenn eine Frau alleine lebt, kann es sein, daß sie zunächst eine innere Leere spürt, die bisher mit dem Leben des Mannes ausgefüllt war. Der Raum ist nun frei für sie selbst geworden. Es ist verständlich, daß die Frau den Leerraum wieder mit einem Mann besetzen will. Sie ist es so gewohnt, doch nicht immer findet eine Frau sofort wieder einen Mann.

Das heißt, die Frau wird heute mit ihrer Einsamkeit in einem Maß konfrontiert, die es früher nicht gab. Die Grundfrage, die durch das Alleinsein auftaucht, lautet: Wer bin ich – allein, ohne Mann? Eine Frau hat durch das Alleinsein große Chancen, die inneren Leerräume zu erfahren..., und es dauert eine Weile, bis sie diese mit sich selbst füllen kann, indem sie sich Zeit nimmt, eine Vision vom eigenen Leben zu empfangen, sich Ziele setzt, Maßnahmen entwickelt und diese dann im Alltag umsetzt.

Durch das Alleinsein lernt frau, beruflich und privat auf eigenen Beinen zu stehen, den eigenen Standpunkt zu finden, zu vertreten. Dadurch wird sie selbstbewußter, vertraut sich und traut sich.

Wenn eine Frau akzeptiert, daß sie letztlich allein ist – ob mit oder ohne Partner – kann sie lernen, ihr Alleinsein zu genießen, erlebt es als Quelle zur Lebensfreude, zur Erholung und findet da ihren inneren Frieden. Die Zeit des Alleinseins ist eine große Chance, sich selbst akzeptieren und lieben zu lernen und Verantwortung für sein Leben zu übernehmen.

Wenn Sie sich zum Beispiel einmal einsam fühlen, fragen Sie sich: Was brauche ich jetzt? Wie kann ich mir selbst etwas Gutes tun? – Tun Sie das dann auch. Verwöhnen Sie sich. Oder reden Sie mit Ihrem inneren Kind, das sich verlassen fühlt. Zeigen Sie diesem Kind, wie gern Sie es haben und lassen Sie es wissen, daß Sie dieses innere Kind nicht alleine lassen, zeigen Sie ihm, daß und wie gut Sie für es sorgen…

Ich halte es für sehr wichtig, daß sich jeder Mensch auch innerhalb einer Partnerschaft den Raum fürs Alleinsein gibt. Im Alleinsein kommen Sie verstärkt mit Ihrer eigenen Energie in Verbindung, zentrieren sich und erneuern dadurch Ihre Kräfte. Sie können Abstand zum Alltagsgeschehen und Ihrem Partner gewinnen und loslassen, finden wieder zur Ruhe. Als Anregung möchte ich Ihnen eine Übung hierzu vorstellen:

ÜBUNG:
Setzen Sie sich jeden Tag zur gleichen Zeit zehn Minuten vor den Spiegel. Schauen Sie sich an und fragen sich: »Wer bin ich?«

Lassen Sie alle Gedanken und Gefühle kommen und wieder gehen, halten Sie an nichts fest. Wenn Sie bemerken, daß Sie zum Beispiel in einer angenehmen Erinnerung schwelgen, dann nehmen Sie dies wahr und kehren wieder zur Frage: »Wer bin ich?« zurück. Beobachten Sie Ihre Gefühle und Gedanken, ohne sie zu bewerten, ohne sie zu verurteilen. Und wenn Sie feststellen, daß Sie in Gedanken abgeschweift sind, dann kehren Sie wieder zur Beantwortung der Frage zurück.

Zum Schluß eine Geschichte
Eine Frau kam zu einem Zen-Meister und wollte einen weisen Rat, wie sie ihr Leben unabhängiger leben könne. Dieser sagte:»Nimm dir jeden Tag 30 Minuten Zeit für dich, schließ deine Augen und beobachte deine Gedanken und Gefühle ohne Bewertung.« Sie konnte es nicht glauben, da war sie so weit gereist, und so etwas Einfaches sollte des Rätsels Lösung sein? Sie hätte gerne eine Theorie gehört, Erklärungen ge-

habt. Aber das? Der Meister bemerkte ihre Skepsis und sagte: »Du hast lange genug viel zuviel geglaubt. Es ist an der Zeit, Erfahrungen zu machen. Ich höre in einem Jahr von dir.« Als das Jahr vorüber war, erhielt er von ihr einen Brief, in dem ein einziges Wort stand: »Danke.«

Handeln Sie!

Wenn Sie, liebe Leserin, etwas ändern und sich entwickeln wollen, dann müssen Sie etwas tun!

> Reden ist Silber –
> Handeln ist Gold!

Die gesellschaftliche Benachteiligung und Unterdrückung von Frauen zu erkennen ist gut, aber reicht nicht, um Ihr Leben befriedigender und freudvoller zu gestalten! Es nützt auch nichts, dem Mann, dem Freund, den Eltern oder der Gesellschaft die Schuld für Ihre Unzufriedenheit und Frustration zuzuschieben! Sie müssen die ganze Verantwortung für Ihr Leben übernehmen – und handeln.

> Es gibt nichts Gutes,
> es sei denn,
> Sie tun es!

Warten Sie nicht darauf, daß Ihr Partner sich ändert. Warum soll er? Warten Sie nicht darauf, daß die Gesellschaft sich Ihretwegen ändern wird. Sie wird es nicht tun. Wenn Sie etwas verändern wollen, ist es *Ihre Aufgabe*, es zu tun!

Ich kenne verschiedene Frauen, die sich seit Jahren über ihr unbefriedigendes Leben beklagen und von einem schöneren Leben träumen. Daraufhin befragt, warum sie nichts aktiv ändern, schauen sie mich ganz entgeistert an und erfinden 100 Rechtfertigungen, lauter wirklich gute Entschuldigungen, warum sie leider, leider nichts tun können!

Hinter dem Nichtkönnen steckt meist ein Nichtwollen!

Wenn Sie sagen: »Ich kann nicht, weil...«, dann übernehmen Sie keine Verantwortung für Ihr Tun oder Nichttun, können weiter von einem schöneren, befriedigenderen Leben träumen, während das reale Leben vergeht. Bei dem »ich kann nicht, weil...« erkennen Sie nicht, daß Sie tatsächlich Wahlmöglichkeiten hätten!

Wenn Sie sagen: »Ich will nicht, weil...«, dann übernehmen Sie die Verantwortung, machen sich damit klar, daß Sie die Situation gar nicht ändern wollen, können sich nichts mehr vormachen. Und... Sie können noch einmal darüber nachdenken, ob Sie doch etwas verändern wollen, auch wenn Sie wissen, daß dies Konsequenzen haben wird.

Wir haben alle immer wieder Angst vor einem neuen Schritt, Angst, diesen einen Schritt tatsächlich zu gehen. Wir sind unsicher, ob wir ihn gehen sollen, überlegen hin und her, manchmal jahrelang und würden gerne im voraus wissen, ob dieser Schritt der richtige ist. Wir rennen zu Astrologen oder Wahrsagern, sie sollen uns weise Ratschläge erteilen, und tun es ja manchmal auch, doch können sie uns *nicht* die Verantwortung für unser Tun abnehmen, noch können sie hundertprozentige Vorhersagen treffen und uns die Sicherheit geben, die wir meinen zu brauchen! Akzeptieren Sie, daß das Leben nun 'mal unsicher ist. Genau das macht es auch so spannend.

Das einzige, was wir tun können ist, in uns hineinhören, wahrnehmen, was wir nicht mehr wollen und spüren, was gut für uns ist, nicht im Sinn der Konventionen, sondern für uns als Frau, die sich weiterentwickeln will und bereit ist, Verantwortung für ihr Leben zu übernehmen.

Wenn wir etwas Neues tun, müssen wir dafür immer etwas aufgeben *und* wir gewinnen immer etwas hinzu – weil wir dabei stets eine Erfahrung machen. Durch unser Tun lernen wir hinzu, wir erfahren uns in anderen Situationen, wissen zunehmend, was wir können, was wir noch lernen wollen, werden bewußter und mutiger.

Dort, wo die Angst und Neugier ist, geht die Entwicklung lang, denn dort ist die meiste Energie, die meiste Erregung. Wenn wir dann einige Schritte gegangen sind, dann können wir zurückblicken und erkennen, wovon wir uns getrennt haben; uns wird bewußt, was wir hinter uns gelassen haben – Zweifel, Leiden, Sorgen, Ängste, und wir wissen, was wir auf dem Weg als Geschenk erhalten haben – Lebendigkeit, Tiefe, Freude, Freiheit, Mut, Dankbarkeit. Wir haben neue Freundinnen und Weggefährten gefunden, wir können uns gegenseitig ermutigen und unterstützen, uns gegenseitig ehrliches Feedback geben und können offen miteinander reden, einander vertrauen und können andere Menschen sein lassen, achten, wie sie sind und dankbar dafür sein, daß wir sie getroffen haben.

Bleiben Sie am Ball und lassen Sie sich nicht entmutigen, wenn es einmal nicht so klappt, wie Sie sich das vorgestellt haben. Erfahrungen gehören zur Entwicklung wie das Salz in die Suppe. Sie können aus *jeder* Erfahrung lernen! Das bedeutet, daß *jede* Erfahrung Sie ein Stück weiterbringt. Jede Erfahrung ist sinnvoll und für Ihre Entfaltung nützlich.

Übung:
Überlegen Sie sich eine wiederkehrende Situation mit Ihrem Mann/Freund, die Sie gerne ändern würden. Entwickeln Sie mehrere konstruktive Handlungsmöglichkeiten, wie Sie das nächste Mal diese Situation befriedigender handhaben. Wägen Sie die möglichen Risiken sowie die möglichen Konsequenzen ab und entscheiden sich für eine Handlungsmöglichkeit. Stellen Sie sich diese neue Handlungsweise immer wieder bildhaft konkret vor. Was sagen Sie in dieser Situation? Wie handeln Sie? Wie reagiert Ihr Mann/Freund auf Ihre neue Handlung? Wie fühlen Sie sich hinterher? Handeln Sie gemäß dem Motto:

Hol' den Gockel doch vom Sockel!

Ausgangspunkte:
- Trotz der Gleichstellung nach dem Grundgesetz werden Frauen gesellschaftlich nicht als gleichwertig akzeptiert.
- Trotz Berufstätigkeit sind Frauen überwiegend allein für Haushalt und Kinder zuständig.
- Frauen sind nach wie vor für die Gefühls- und Beziehungsarbeit allein verantwortlich.

Die Emanzipation der Frauen hat letztendlich den Männern Erleichterung gebracht: Männer sind nicht mehr allein für den Unterhalt der Familie zuständig. Frauen dagegen erleben sie als Mehrfachbelastung.»Ich setze mich für die Beziehung mit meinem Partner ein – und er sagt nicht einmal ›danke‹«, ereifert sich Maria, 31, Sekretärin.»Ich bin so sauer auf meinen Mann, weil er nichts für unser gemeinsames Leben tut!«

Maria ist mit ihrem Problem nicht allein. Sie hofft, daß ihr Mann sich ändert und ihr hilft. Er aber denkt gar nicht daran. Warum sollte er? Er hat es doch bequem. Er wird weiterhin umsorgt und verwöhnt, ihm wird alle Last abgenommen. Für ihn läuft doch alles, so wie er es sich immer vorgestellt hat. Er hat als Bub gesehen, daß die Mutter alles für den Vater getan hat, also erwartet er jetzt als Mann, daß die Frau sich ähnlich wie seine Mutter verhält. Er glaubt, einen Anspruch auf stetige Zuwendung und Zuarbeit von seiten der Frau zu haben. Eine Frau kann sauer auf ihren Mann sein, sich über ihn ärgern, solange sie will, erst wenn *sie* ihr Denken und Verhalten ändert und ihm zeigt, daß sein unkooperatives, liebloses Verhalten Konsequenzen nach sich zieht, hat er einen Grund, sich zu ändern!

Was bei Maria und ihrem Mann wie ein individueller Konflikt zwischen Frau und Mann aussieht, ist in Wirklichkeit Ergebnis gesellschaftlich-geschlechtsspezifischer Normen und Rollenvorstellungen. Diese gesellschaftlichen Bedingungen im Hinterkopf zu behalten nützen jeder Frau, da diese Bedingungen *jede* Beziehung nachhaltigst beeinflussen:

1. In einer patriarchalischen Gesellschaft wie der unsrigen gibt es zwischen Frau und Mann typische Konflikte, bei denen es von männlicher Sicht aus um die Sicherung seiner Macht und Überlegenheit geht, während es der Frau um die gemeinsame Beziehung, um Nähe und um emotionalen Austausch geht.

2. Das individuelle Leben der Frau ist von den geschlechtsspezifischen Rollenvorstellungen maßgeblich geprägt. Je klarer sie das sieht, desto mehr Chancen hat sie, diese Rollenmuster zu überwinden und ihre eigene Individualität nach und nach zum Ausdruck zu bringen.

3. Sie hat bislang die patriarchalische Grundannahme von der Überlegenheit des Mannes und seiner Werte übernommen und nicht gemerkt,

a) daß sie den Mann idealisiert, den Gockel auf den Sockel gestellt und sich bisher mit dem Platz darunter zufriedengegeben hat,

b) daß sie das männliche System und den Mann überbewertet und sich selbst abgewertet hat.

Wenn einer Frau das wirklich klar ist, dann hat sie *keinerlei* Grund mehr, sich selbst weiterhin abzuwerten (»ich bin nicht gut genug, ich bin nicht liebenswert«) und den Mann aufzuwerten (»durch seine Anerkennung bin ich liebenswert«).

Die gesellschaftliche Situation der Frau ist absurd:

- Sie wird von einem männlichen System abgewertet, wertet sich dadurch selbst ab, weil sie dieses System übernommen hat und wertet den Mann auf.
- Sie will Anerkennung von ihm, damit sie an Wert gewinnt.
- Dafür tut sie alles und sie wird von ihm abhängig.

Da kann sie sich doch gleich selbst anerkennen und wertschätzen, ist dann von seiner Anerkennung nicht mehr abhängig. Die Frau erkennt dann, daß sie ihre ganze Kraft und Energie, die sie bislang dem Mann gegeben hat, um 180 Grad drehen und für sich selbst ihr eigenes Leben einsetzen und sich dadurch stärken kann.

Indem sie ihre Energie auf die Dinge richtet, die ihr wichtig sind, wird die Energie und Aufmerksamkeit vom Mann abgezogen. Der Gockel fällt vom Sockel, einfach indem sich die Frau um ihre eigenen Angelegenheiten kümmert, die Verantwortung für ihr Leben übernimmt und sie nicht mehr dem Mann überläßt. Die Frau, die dieses erkannt hat, muß auf Schritt und Tritt ihre eigenen Gedanken und ihr Verhalten beobachten – Jahrzehnte weiblicher Konditionierung sind nicht von einem zum anderen Tag verschwunden!

Viele Frauen kämpfen gegen den Mann nach dem Motto: »Ich laß mir nichts mehr gefallen. Ich hol' den Gockel vom Sockel.« Diese Frauen merken nicht, daß sie dadurch weiterhin alle Energie auf den Mann richten und daß er weiterhin der Mensch ist, um den sich alles dreht. Durch den Kampf verschleudern Frauen viel Energie und binden sich weiter an ihn. Kampf verhärtet die Positionen! Das kostet Kraft, die sinnvoller *für* die *eigenen* Interessen eingesetzt werden können!

Frauen haben lange genug die Erhöhung des Mannes und seines Systems unterstützt; nun geht es darum, daß Frauen diese Idealisierung erkennen, zurücknehmen und damit den Boden für einen Realitätsgewinn schaffen. Das bedeutet:

- Mit der Ent-Täuschung vom System des Mannes erkennt sie, wie sehr ihre Werte und Normen von denen des Mannes abhängig waren.
- Sie erkennt, wie sehr sie durch ihn gelebt hat,
- spürt dies als innere Leere und hat erstmals die Chance, diese Leere mit eigenen Vorstellungen zu füllen.
- Dadurch, daß sie ihre Energie vom Mann abzieht, steht sie ihr selbst zur Verfügung.
- Sie entwickelt eigene Vorstellungen vom Leben und das Vertrauen in ihre Art des Denkens, setzt diese Vorstellungen in die Tat um und macht damit *eigene* Erfahrungen,

schafft auf diese Weise *ihre eigene* Wirklichkeit mit eigenen Worten.

Das ist kein Prozeß, der schlagartig vor sich geht. Entwicklungen brauchen Zeit. Doch mit jedem eigenen Schritt gewinnt die Frau an Boden, an Standfestigkeit, an Sicherheit – aus sich heraus, und damit Lebendigkeit und Mut, den eigenen Weg weiterzuentwickeln.

Das größte Tabu in unserer Gesellschaft ist, die Annahme von der Überlegenheit des Mannes als Vorurteil zu erkennen. Nur wenn sie das erkennt, dann sieht sie ihn als das, was er ist: Ein Mensch mit Stärken, Schwächen und Ängsten.

Das heißt für die Frau:

- Das Verhalten des Mannes ist kritisierbar.
- Die Frau kann aufhören mit der ständigen Rücksichtnahme und Zuarbeit.
- Die Frau kann aufhören mit der einseitigen Beziehungsarbeit.

Setzen Sie sich mehr und mehr *für sich* ein und bleiben Sie dabei! *Kämpfen Sie nicht gegen den Mann,* sondern *gehen Sie Ihren eigenen Weg!* Nur so erkennt der Mann, daß Sie es ernst meinen. Nur so können Sie sich *und* ihn ernstnehmen – und er wird sich etwas Neues einfallen lassen müssen, um Sie nicht zu verlieren. Zudem bringen Sie neue Lebendigkeit und Schwung in die Beziehung. Sie wird aus ihrer Selbstverständlichkeit, aus ihrem Automatismus gehoben und fordert beide Partner neu heraus.

Fragen Sie den Mann/Freund nicht länger, was Sie tun oder lassen sollen. Sie sind in der Lage, für sich selbst zu entscheiden! Sie wählen das Richtige. Handeln Sie danach! Und – wenn Sie wollen, informieren Sie Ihren Partner vorher, machen Ihr Vorhaben aber nicht von seinen Aussagen oder Ratschlägen abhängig!

Zeigen Sie, was Sie können und wissen! Sie haben viele Fähigkeiten im Lauf Ihres Lebens erworben, wertvolle Erfahrungen gemacht, wertschätzen Sie diese und greifen Sie auf *Ihre* Realität zurück.

Ihr Partner hat eine Lerngeschichte der nahezu unmenschlichen Festlegung auf Stärke hinter sich, ist aber dennoch weder die Krone der Schöpfung, noch unfehlbar, auch wenn er es Ihnen noch vormachen will. Er ist auch kein Kind, das man schonen muß. Ihr Partner ist erwachsen, liebenswert, belastbar, hat keine zwei linken Hände; er ist lernfähig. Mit einem Satz: Er ist ein ganz normaler Mensch und kann auch so behandelt werden!

Wie reagiert ein Mann, wenn die Frau ihren eigenen Weg geht?

Sie muß mit den verschiedensten Angriffen des Mannes rechnen. Wenn eine Frau sich weiterentwickelt, bekommt der Mann Angst, daß sie sich zu weit von ihm wegentwickelt, und er sie nicht mehr wie bisher kontrollieren kann. Er hat Angst, daß sie sich emanzipiert und Forderungen an ihn stellt. Er hat Angst, daß sie seine Gewohnheiten nicht mehr toleriert und daß er sich ändern soll. Er hat Angst vor Liebesverlust und daß sie sich von ihm trennt. Er hat Angst davor, Gefühle zu zeigen... vieles davon ist dem Mann nicht bewußt. Er will, daß alles wieder so wird, wie es war, damit es für ihn wieder bequem wird.

Männer haben zunächst kein Interesse an Beziehungsarbeit und mimen oft erst 'mal den starken Mann,
- indem sie Frauen beschimpfen,
- ihnen Vorwürfe wegen ihrer zunehmenden Selbständigkeit machen,
- sie als egoistisch bezeichnen,
- indem sie ironisch oder zynisch sind,
- indem sie Frauen unablässig kritisieren, herabsetzen und demütigen,
- indem sie schweigen oder nicht zuhören,
- indem sie der Frau Irrationalität vorwerfen,
- indem sie durch Charme bestechen wollen,
- indem sie vom Thema ablenken und so weiter.

Männer reagieren auf Forderungen von Frauen schnell mit Abwehr, Rückzug, Angriff, fühlen sich wegen Kleinigkeiten überfordert und werden in ihrem männlichen Selbstverständnis verunsichert. Letztlich haben Männer Angst, unmännlich zu sein. Daher verteidigen sie ihre Vormachtstellung vehement, ahnen sie doch, daß ihre Überlegenheitsposition nun von Frauen in Frage gestellt wird. Damit werden Männer unfreiwillig mit der Frage konfrontiert: »Wer bin ich als Mann, wenn ich nicht mehr stark und rational bin?«

Die Frau hat bisher ihre Angst, verlassen zu werden, durch Überanpassung an den Mann niedergehalten. Doch, wo Angst in einer Beziehung dominiert, ist wenig Platz für Liebe, Vertrauen, Freiheit. Angst führt zu Langeweile, Einengung, Frustration, Leiden.

Wenn Frauen sich für ein freudvolles, lebendiges Leben entscheiden, aus ihrem Leiden wirklich herauswollen, müssen sie ihre Energie für sich selbst einsetzen, den eigenen Weg gehen, und sich dabei weder von den eigenen Ängsten noch von den Tricks der Männer abhalten lassen.

Akzeptieren Sie, daß Sie verantwortlich für Ihr Leben sind; dafür, wie Sie die Welt und sich selbst sehen und beurteilen. Sie sind dafür verantwortlich, wie Sie einen Mann erleben, was Sie zu ihm sagen oder nicht, wie Sie sich gegen Beleidigungen wehren oder nicht.

Sie sind verantwortlich dafür, wie liebevoll Sie mit einem Mann umgehen und ob Sie bei einem Mann bleiben oder nicht. Und er ist für seinen Anteil verantwortlich.

Sie sind auch dafür verantwortlich, ob Sie sich für Ihre Wahrheit einsetzen oder nicht. Sie haben Wahlmöglichkeiten!

Handeln Sie gemäß Ihrer inneren Wahrheit, das macht Sie zufrieden.

Sagen Sie sich immer wieder:
- Ich bin wertvoll und vollwertig, so wie ich bin.
- Ich bin grundsätzlich in Ordnung mit meinen Fähigkeiten und Schwächen.
- Ich bin liebenswert und liebe andere Menschen.
- Ich akzeptiere mich so, wie ich bin.
- Ich kann gut für mich alleine sorgen.

Daher muß ich mir nichts von einem Mann gefallen lassen:
- Ich kann ihn schonen, und ich kann sein Verhalten kritisieren.
- Ich tue freiwillig etwas für ihn, muß nicht alles für ihn tun.
- Ich habe ein Recht auf Eigenleben und Würde.
- Ich kann ihm Grenzen setzen.
- Ich kann ihn um Kooperation bitten.
- Ich kann Forderungen stellen.
- Ich bleibe konsequent, wenn es für mich wichtig ist. (Soll er mich egoistisch oder rechthaberisch nennen!!!)
- Ich kann aus einer unbefriedigenden Beziehung aussteigen.
- Ich kann mit meinem Partner zusammenbleiben.
- Ich kann auf eigenen Füßen stehen und liebevoll leben.

Weiblich – männlich – menschlich

In der wahren Liebe willst du
das Wohl des anderen.
In der romantischen Liebe
willst du den anderen.

Margaret Anderson

Erfüllende Beziehungen
»Als ihre Blicke sich trafen, da wußten sie beide, daß sie füreinander bestimmt waren.« In zahlreichen Büchern, Kino- und Fernsehfilmen erleben wir immer wieder mit, wie eine Frau und ein Mann sich ineinander verlieben, sich nacheinander sehnen, zärtliche Blicke und kaum spürbare Berührungen austauschen, wie sie allerlei Verstrickungen erleben bis sie einander in die Arme fallen und sich ewige Liebe schwören.

Die romantische Liebe gilt auch heute noch als Idealvorstellung von Liebe mit der Hochzeit als Höhepunkt der gemeinsamen Entwicklung. Und danach?

Was mit übergroßen Hoffnungen, Wünschen, Erwartungen, Versprechungen und Träumen von beiden Seiten beginnt, hält der Realität nicht stand. Frustration, Enttäuschung, Ärger, gegenseitige Vorwürfe und Krisen sind an der Tagesordnung und bestimmen oftmals den ehelichen Alltag, von kleinen Lichtblicken abgesehen. Dabei läßt sich vieles von dem vermeiden, wenn Frau und Mann wissen, daß beide irreale Vorstellungen von »Liebe« haben, die von den gesellschaftlichen, elterlichen und eigenen Vorstellungen geprägt sind und daß jede Beziehung verschiedene Phasen durchläuft.

Unrealistische Vorstellungen von »Liebe« sind:

- Wenn ich verliebt bin, ist das Liebe.
- Man kann nichts für die Liebe tun, entweder sie ist da oder nicht.
- Wenn man sich liebt, streitet man nicht.
- Ewige Flitterwochen.
- Mit dem richtigen Partner hält die Liebe lebenslang.
- Ich erfülle seine Bedürfnisse, und er erfüllt meine.
- Ich kann ohne ihn nicht leben.
- Man kann nur einen Menschen lieben.
- Mit einem Partner bin ich nicht einsam.
- Ich brauche einen Partner, um zu lieben.

Liebe wird bei uns besonders hochgehalten, weil wir darin das bekommen wollen, was uns im Arbeitsalltag fehlt: Wir wollen in einer Beziehung Geborgenheit, Nähe, Wärme, Festigkeit, Sicherheit. In einer Zeit, in der alles unsicher und in rascher Entwicklung begriffen ist, wollen wir den »sicheren, schützenden Hafen zuhause«.

Die Liebe zu einem Mann soll uns das geben, was wir in der Kindheit nicht bekommen, wonach wir uns aber gesehnt haben: uneingeschränktes Anerkannt- und Angenommenwerden, so wie wir sind. Die Liebe soll die Wunden der Kindheit heilen. Solche unrealistischen, festen Vorstellungen und Konzepte von der Liebe beeinflussen jedes Paar. Durch das gegenseitige Festlegen auf Idealvorstellungen schränken sich Frau und Mann ein und verhindern eine lebendige, erfüllende Beziehung.

Phasen einer Beziehung

1. Im *Verliebtsein* erleben wir das Gefühl der grenzenlosen Erweiterung, erleben müheloses Geben und Nehmen, wortloses Verstehen, fühlen uns von der Leichtigkeit des Seins getragen, sind von Lebenslust und Kreativität erfüllt, sind mutig und geben uns an den Augenblick hin, staunen über die wunderbaren Dinge des alltäglichen Lebens, erleben die Freude des spielerischen Zusammenseins, vergeben und verzeihen, gehen auf den anderen ein und sind entzückt von jedem noch so banalen Satz, den der Geliebte von sich gibt. Wir glauben, den »richtigen, idealen Partner fürs Leben« gefunden zu haben und verwechseln Verliebtsein mit Liebe.

Beide sehen aneinander ausschließlich die positiven Seiten, die dem eigenen Idealbild vom anderen entsprechen und passen sich an den anderen an. Verhaltensweisen vom anderen, die nicht ins Bild passen, werden unter den Teppich gekehrt, ebenso wie eigene Gefühle, die dem Bild des »idealen Paares« widersprechen.

Im Verliebtsein erfahren wir eine Dimension des Daseins, die die Wahrnehmung erweitert, fühlen uns ent-grenzt. Wir bekommen einen Schimmer davon, wie erfüllend und befriedigend unser Leben sein kann, wenn wir das, was in uns ist ausdrücken und das Gefühl der Zusammengehörigkeit und des Vertrauens entwickeln. Verliebtsein ist das Tor zur Liebe.

2. Die *Enttäuschung* ist vorherzusehen.
Prototypisch verläuft diese Phase so: So ganz allmählich kommt zum Vorschein, daß der Partner nicht in allen Punkten den eigenen Erwartungen entspricht, daß er nicht alle Bedürfnisse und Wünsche erfüllt. Die Frau merkt, daß der Partner anders ist als sie, daß er sich wieder mehr für seinen Beruf, seine Hobbies interessiert – bekommt Angst, glaubt, etwas falsch gemacht zu haben und überlegt, wie sie die Nähe der Verliebtheit wieder herstellen kann und beginnt, dem Partner Vorwürfe zu machen und Forderungen an ihn zu stellen: »Du hast dich verändert, du gehst nicht mehr so

auf mich ein.« Sie fühlt sich zurückgewiesen, alleingelassen und will ihn wieder auf sein früheres Verhalten festlegen. Dadurch fühlt er sich aber eingeschränkt – und sucht erst recht seinen Freiraum... Sie will Nähe, er seine Freiheit.

Konflikte tauchen auf, beide wissen nicht, wie sie damit umgehen sollen. Beide hatten geglaubt, das wortlose Verstehen würde ewig anhalten. Beide wissen nicht, wie sie dem anderen die eigenen Grenzen aufzeigen und klarmachen können, daß sie ihn dennoch lieben. Beide haben Angst vor Verletzung und Liebesverlust und trauen sich nicht, offen darüber zu reden. Jeder ist vom anderen enttäuscht.

In dieser Phase haben Frau und Mann die Gelegenheit, von ihren Idealen und Normvorstellungen Abschied zu nehmen und der Realität ins Gesicht zu blicken und zu erkennen:

- Der Partner ist anders und vielseitiger als das Idealbild, das ich von ihm hatte. Und ich entspreche auch nicht dem Idealbild, das er von mir hatte.
- Er ist nicht vollkommen, und ich bin nicht perfekt. Wir sind beide lebendig, dadurch auch ständig in Bewegung, entwickeln uns weiter, können uns nicht gegenseitig an unseren Idealvorstellungen messen und uns auf unsere Bilder von uns beschränken und einengen.
- Warum sollte er all meine Bedürfnisse erfüllen müssen? Und warum muß ich all seine Bedürfnisse erfüllen? Ich anerkenne, daß mein Partner Bedürfnisse hat, die von den meinigen verschieden sind, auch wenn mir das zu Beginn schwerfällt.
- Nähe und Abstand gehören zur Dynamik einer guten Partnerschaft. Im Alleinsein sammle ich mich, spüre ich mich und meine Grenzen, in der Nähe verströme ich meine Energie.
- Zur Liebe gehört die Freiheit der Entwicklung.

3. In einer dritten Phase steigt die Spannung. Da Frau und Mann in einer Beziehung ihre Verschiedenartigkeit zunächst nicht akzeptieren, beginnt ein *Machtkampf*, der die Liebe hart auf die Probe stellt. Beide Partner wollen geliebt werden, sind wütend, daß der andere den eigenen Erwartungen nicht

entspricht. »Wenn er mich lieben würde, dann könnte er sich nicht so verhalten«, oder »wenn du mich nicht so liebst, wie ich es will, dann verlasse ich dich«, sind Statements dieser Phase, in der beide die Kontrolle über den anderen bekommen wollen. So verhärten sich die Fronten – der eine schiebt dem anderen die Schuld für die erlittene Lieblosigkeit und Enttäuschung zu. Solange beide einander Vorwürfe über die Nichterfüllung ihrer Liebeserwartungen machen, solange haben sie keine Wachstumschance, da sie keine Verantwortung für ihre Gedanken und Gefühle übernehmen, sondern glauben, der andere sei für die Erfüllung des eigenen Glücks verantwortlich!

Dabei gilt: Jede Frau ist für ihre Gefühle selbst verantwortlich! Der andere kann zwar der Auslöser für Gefühle sein, aber er ist niemals für ihre Gefühle verantwortlich.

Eine gute Beziehung ist ein permanenter Ent-Täuschungsprozeß, bei dem die Chance darin besteht, immer mehr auf den Boden der Realität zu kommen – jenseits aller Rollenbilder, jenseits aller Idealvorstellungen.

Wenn zwei Menschen zusammenkommen, kommen zwei unterschiedliche Welten zusammen, zwei unterschiedliche Systeme, Menschen mit verschiedener Herkunft, einer unterschiedlichen Lebensgeschichte, da ist es ganz normal, daß es Konflikte gibt. An ihnen können beide Partner wachsen, das gegenseitige Vertrauen vertieft sich durch das gemeinsame Lösen von Konflikten.

4. In der nächsten Phase der Beziehung geht es um die Entwicklung eigener Interessen, um die *Entwicklung von Autonomie*, um Fragen wie: Wer bin ich? Was will ich, unabhängig von meinem Mann? Was kann ich? Lebe ich so, wie ich leben will? Welche Art von Beziehung will ich? Will ich bei ihm bleiben?

Sinnvoll ist es, auch in dieser Phase offen über die anstehenden Themen zu sprechen, den Draht zueinander zu behalten und bei allem Trennenden immer wieder Gemeinsamkeiten herzustellen, Zeit miteinander zu verbringen und Vertrauen durch Gespräche, Berührungen, gemeinsames

Sein zu vertiefen. Zurücknahme von Schuldzuweisungen und die Erkenntnis: »Ich bin für mein Leben selbst verantwortlich, also auch für meine Gedanken und Gefühle. Ich habe die Wahlfreiheit, ob ich mit oder ohne diesen Mann leben will.«

5. *Trennung* oder *Versöhnung?*

Trennung: Wenn die beiden Partner nicht immer wieder die Möglichkeit finden, sich immer wieder füreinander öffnen, zuhören, sich ehrlich austauschen, über ihre Beziehungsschwierigkeiten reden, sondern die Konflikte weiterhin unterdrücken, dann wird die Kluft zwischen beiden immer größer, die Ressentiments nehmen zu, das emotionale Klima wird kälter oder aggressiver. Hier bleibt nur das Nebeneinanderherleben oder die räumliche Trennung und Scheidung.

Versöhnung: Durch die eigene Entwicklung können die eigenen Fähigkeiten, Stärken, Schwächen, Grenzen klarer erkannt werden. Unrealistische Träume, Erwartungen an den Partner sind von beiden Seiten zurückgenommen, die Verschiedenartigkeit von Frau und Mann wird als Tatsache angenommen, die Partner lassen einander so sein, wie sie sind, übernehmen die Verantwortung für ihre Bedürfnisse und Gefühle, unterstützen sich gegenseitig in ihrer Entwicklung. Frau und Mann entscheiden sich nun bewußt, beieinander zu bleiben und genießen ihr Zusammensein. Durch ihre Liebe entsteht Vertrauen, Achtung, Fürsorge und Mitgefühl.

Das heißt nun keineswegs, daß diese Phasen der Reihe nach ablaufen. Es kann durchaus sein, daß die Partner bei einem *Streit* wieder in den Machtkampf treten und dadurch kurzfristig in eine schon durchlebte Phase zurückfallen. Entscheidend ist die Frage, die Sie sich im Falle eines Streites stellen können:

a) Was will ich eigentlich?

Oftmals glaubt man subjektiv, nicht anerkannt, nicht respektiert, nicht genug wertgeschätzt, nicht ernst genommen zu

werden und kämpft um Anerkennung, Liebe und erreicht meist das Gegenteil, anstatt einfach zu sagen:»Nimm mich in den Arm. Ich brauche das jetzt.«
b) Drücke ich meine wirklichen Bedürfnisse aus oder will ich den anderen durch Streit zu einem bestimmten Verhalten manipulieren?

Es ist leicht, den anderen zu verletzen. Das entlastet Sie vielleicht kurzfristig, weil Sie Ihrem Mann gezeigt haben, daß er Schwachstellen hat. Nur: Sie verletzen damit sein Selbstwertgefühl – und er wird es Ihnen irgendwann heimzahlen. Durch destruktiven Streit ist nichts gewonnen. Sie können auch hier die Verantwortung für Ihr Denken, Fühlen und Handeln übernehmen und ihm sagen, wie bestimmtes Verhalten von ihm auf Sie wirkt, zum Beispiel:»Ich bin ärgerlich und empfinde dein Verhalten X als Mißachtung.« Sprechen Sie von sich, davon, wie es Ihnen geht.

»Für die Liebe kann man nichts tun – entweder man liebt oder nicht«, oder »wenn man sich liebt, streitet man nicht«, sind weit verbreitete Irrglauben. Wenn die Verliebtheit nachläßt, sind die meisten Menschen enttäuscht und meinen: »Das war nicht der richtige Partner!« Dabei ist das der richtige Zeitpunkt für die Entwicklung der eigenen Liebesfähigkeit. Wir lernen so vieles in der Schule, aber das Wichtigste nicht: Wir lernen nicht, wie man sich selbst und andere Menschen liebt. Aber wir können es als Erwachsene mit dem Partner lernen und üben. Was können Sie tun?

Vision von Partnerschaft
Um Ihre inneren Bedürfnisse nach einer erfüllenden, lebendigen Beziehung Wirklichkeit werden zu lassen, können Sie eine neue, konstruktive Vision Ihrer Beziehung entwickeln und dadurch den Konventionen und den Gewohnheiten die Macht entziehen.

Fragen Sie sich:

Was ist Ihre höchste Vorstellung, Ihre Vision von Ihrer Partnerschaft?

Was ist die gemeinsame Vision?

Sie können mit Ihrem Partner zusammen eine Vision Ihrer Beziehung entwickeln, dadurch haben Sie beide die Chance, Ihre Energie in eine konstruktive Zukunft zu richten und diese durch Ihr Handeln zu verwirklichen. Natürlich klappt die Umsetzung nicht immer, doch durch die Ausrichtung auf eine gemeinsame Vision entsteht eine Atmosphäre des Zusammengehörigkeitsgefühls und Vertrauens, Konflikte können leichter und schneller besprochen werden.

Welche Fähigkeiten entwickeln Sie weiter, wenn Sie diese Vision in die Tat umsetzen?

Fragen Sie sich immer wieder: Was ist die gegenwärtige Qualität unserer Beziehung?

Was tun Sie täglich konkret für die Beziehung? Was geben Sie?

Wo fühlen Sie sich gezwungen? Und was können Sie daran ändern?

Wo fordern Sie etwas von Ihrem Partner und setzen ihn unter Druck?

»Liebe ist ein Kind der Freiheit«, heißt es. Liebe kann nur in einem Klima von Offenheit und Entspanntheit, Ehrlichkeit und Vertrauen, Freude und Dankbarkeit, Humor und Freiheit gedeihen.

Lieben kann man immer nur *jetzt*. Im Augenblick. Freiwillig ja zum Partner zu sagen heißt ja zu sich und zur eigenen Entwicklung zu sagen.

Wir haben davor Angst, ja zu sagen und meinen, vom Partner vereinnahmt zu werden, die eigene Individualität einzubüßen. Das muß nicht sein. Ja sagen heißt nicht, mich selbst aufzugeben, sondern ja zur eigenen Entfaltung zu sagen, mir und dem Partner eine Chance zur Vertiefung der Beziehung zu geben.

Mit einem Partner zu leben heißt:

- von Augenblick zu Augenblick neu beginnen, mich immer wieder neu einlassen, den anderen immer wieder sein lassen, wie er ist, ohne ihn verändern zu wollen,
- immer wieder Verbindung aufnehmen und mich zeigen, den Partner nicht als selbstverständlich hinnehmen,

- meine und seine Schattenseiten entdecken, zulassen und akzeptieren,
- ihm nahesein und mich von ihm abgrenzen,
- meine erlernten, beengenden Muster von Weiblichkeit erkennen und loslassen. Vertrauen vertiefen und sicherer sein,
- Konflikte als Herausforderungen zu wachsen annehmen,
- bewußter und liebevoller mit mir und dem Partner umgehen,
- Lieblosigkeit ihm und mir verzeihen.

Es gibt auch nach Jahren gemeinsamen Lebens so viel am Partner neu zu entdecken, neue Ebenen des Seins mit ihm zu erfahren. Sie können beginnen, sich immer tiefer aufeinander einzulassen, noch tiefere Schichten des Seins erkennen und die beglückende Weite des Augenblicks erfahren, dann, wenn Sie alle Vorstellungen loslassen.

Lernchancen

»Ja, mei, wenn ich einen anderen Mann hätte, dann ging das alles leichter.«

Sie haben immer genau den Partner, der gerade jetzt zu Ihnen paßt. Sonst wären Sie nicht mit ihm zusammen. Sie können genau von diesem Partner lernen – und er von Ihnen, das heißt, Sie können den Partner als Lernchance sehen. Konflikte, Leiden, Spannungen, Schmerz können als Zeichen hinzuschauen und als Aufforderung dazuzulernen verstanden werden.

Beispiel:
Rolf, 36, ist mit Silke, 32, verheiratet. Rolf erscheint in dieser Ehe als der Starke, Sichere, der seine berufliche Laufbahn klar plant, Ziele verfolgt und erreicht; der alle Entscheidungen trifft. Silke lehnt sich an ihn an, ist weich, gefühlvoll, geduldig, hat einen ausgesprochenen Sinn für Ästhetik und Harmonie. Sie erwartet, daß er ihr sagt, wo's langgeht. An ihm orientiert sie sich und fühlt sich gleichzeitig von ihm unterdrückt.

Lernchancen: Rolf kann von Silke lernen, daß er Gefühle

zuläßt, daß er rezeptiv ist, daß er seine Bedürfnisse nach Zärtlichkeit und Weichheit erkennt, daß er akzeptiert, nicht unabhängig zu sein. Silke kann von Rolf lernen, eine eigene Meinung zu entwickeln, diese durchzusetzen; sie kann lernen, zielstrebig zu sein, sich abzugrenzen, nein zu sagen und kann dadurch neue Stärken und Selbstvertrauen gewinnen.

Die Lernchance besteht in einer Beziehung darin, zu erkennen, durch welches Verhalten ich traurig, wütend, ärgerlich werde, durch welches Verhalten ich mich zurückziehe, beleidigt bin oder trotzig. Ich kann erkennen, wie verletzlich ich bin, wie liebevoll ich bin, erlebe, wie ich mit Kritik umgehe oder selbst kritisiere. Ich kann spüren, wann ich alleinsein will. Ich kann meine Kindheitsmuster wahrnehmen und erfahren, daß diese Muster heute nicht mehr zutreffen. Ich kann nach und nach mutiger sein, mir vertrauen und zutrauen, kann meiner inneren Wahrheit folgen, mich zeigen, wie ich bin, kann aufhören, lieb und bescheiden zu sein oder das Opfer zu spielen, kann damit anfangen, Neues auszuprobieren und damit mein Selbstvertrauen steigern, erleben, wie ich meine Grenzen erweitere und kann erfahren, daß es für mich wichtig und richtig ist, mich gelegentlich klar abzugrenzen, ohne deshalb die Liebe meines Partners zu verlieren. Ich nehme seine Liebe als Geschenk an und fühle die Freiheit, ich selber zu sein so wie ich lerne, ihn sein zu lassen.

Die Chance einer Partnerschaft besteht darin, bewußt mit- und nebeneinander zu wachsen. Voraussetzung ist natürlich, daß Frau und Mann diese Herausforderung gemeinsam annehmen, mehr und mehr zu ihrer inneren Wahrheit finden wollen. Sie gestalten dann eine Beziehung miteinander, die immer mehr ihren eigenen Lebensvisionen, ihrem Sein entspricht. Dadurch wird diese Beziehung lebendig, spannend, erfüllend, bereichernd, beglückend.

Jenseits festgelegter Rollen gedeiht die Liebe und läßt dem anderen den Raum, sich selbst zu entfalten.

Durch den anderen erkennen wir, was wir geben können, was uns fehlt und welche Fähigkeiten wir weiterentwickeln können. Die Frau kann in der Beziehung lernen, ihr inneres

Gleichgewicht herzustellen, indem sie die Seiten in sich erweitert, die sie aufgrund ihrer Erziehung zur Weiblichkeit noch nicht so gut kennt. Indem sie lernt, sich zu wehren, sich abzugrenzen und nein zu sagen, indem sie lernt, Strukturen aufzubauen, sich aktiv Ziele zu setzen und zu handeln. Indem sie lernt, ihre Fähigkeiten und Stärken zu akzeptieren und sich durchzusetzen. Das sind traditionell männliche Fähigkeiten. Das heißt nicht, daß die Frau alles, was Männer tun, blind übernimmt, aber daß sie die eben beschriebenen Seiten entwickelt und integriert, so wie der Mann, um sein inneres Gleichgewicht herzustellen, seine weiblichen, emotionalen Seiten erweitern kann, sich seinen Ängsten und Schwächen stellt, seine Verspieltheit, Zärtlichkeit und Entspannung wiederentdeckt. Der Mann kann von der Frau lernen, die Frau kann durch den Mann lernen, wenn beide sich weiterentwickeln wollen.

Liebe ist das Tor zum Licht.
Liebe ist das Licht, das die Dunkelheit erhellt.
Liebe läßt die Angst verschwinden.
Liebe heilt und befreit.
Liebe nährt und beflügelt.

Im Grunde geht es darum, die konventionellen geschlechtlichen Rollenvorstellungen, die traditionelle Unter- und Überordnung von Frau und Mann zu erkennen, zu verlassen, uns auf dem Boden der Gleichwertigkeit gemeinsam menschlich weiterzuentwickeln und nicht zu erwarten, alles sofort zu können. Rom wurde nicht an einem Tag erbaut, also erwarten Sie weder von sich noch von Ihrem Partner, stets bewußt zu handeln. Frau und Mann haben eine jahrhundertelange Geschichte des Patriarchats hinter sich, wir haben die damit verbundenen Rollenvorstellungen von frühester Kindheit an gelernt – also braucht es Zeit, Mut, Aufmerksamkeit und die immer neue Bereitschaft, unseren behindernden Mechanismen und Tricks auf die Spur zu kommen. Bewußtwerdung hilft uns, uns von den Schatten der Vergangenheit zu lösen und gibt uns die Chancen für ein erfülltes Leben.

Vergeben

Vergebung gehört zur Liebe. Wenn Sie einem anderen Menschen nicht vergeben, entsteht eine Kluft, die immer schwerer zu überbrücken ist. Durch Vergebung können Sie sich von den Fesseln der Vergangenheit, von Demütigungen und Kränkungen lösen und mit dem Partner oder einem anderen Menschen neu beginnen. Das heißt auch, daß Sie sich selbst immer wieder vergeben und verzeihen und sich annehmen, wie Sie sind. Verzeihen Sie sich, daß Sie oft nicht auf Ihre Bedürfnisse geachtet haben. Verzeihen Sie sich, daß Sie sich nicht ernst genommen haben. Verzeihen Sie sich, daß Sie lieblos zu sich selbst waren. Verzeihen Sie sich, daß Sie sich überkritisch bewertet haben. Verzeihen Sie sich, daß Sie Ihre Selbstachtung mit Füßen getreten haben und erlauben Sie sich zu spüren, wie liebenswert Sie sind.

ÜBUNG:

Nehmen Sie sich für die Übung Zeit und sorgen Sie dafür, daß Sie ungestört sind. Stellen Sie sich eine Situation mit Ihrem Partner vor, die Sie ihm bis jetzt noch nicht verziehen haben. Sodann stellen Sie sich Ihren Partner vor und schildern ihm diese Situation. Sagen Sie ihm, was Sie eigentlich von ihm in dieser Situation gewünscht hätten. Verzeihen Sie ihm. Er ist auch nur ein Mensch! Und zeigen ihm, wie sehr Sie ihn lieben und wertschätzen. Wiederholen Sie diese Übung immer wieder.

Es gibt im Leben keinen höheren Sinn
als für die Liebe und für die Erfüllung des Selbst
zu leben.

Ramtha

Zum Abschluß dieses Kapitels möchte ich an dem Beispiel einer jungen Frau beschreiben, wie sie innerhalb ihrer Ehe Selbstvertrauen entwickelt hat.

»Selbst in der Wüste blüh'n die Blumen«, oder: Wie entwickle ich Selbstvertrauen?

»Heute bin ich wirklich glücklich – mit meinem Mann, den Kindern und der Arbeit«, sagt Heidi von H, eine sehr aparte 35jährige blonde Frau aus Namibia. Ich lernte Heidi und ihren Mann Raimar, 43, bei einem Training, das mein Arbeitspartner Manfred Martin und ich in Namibia durchführten, kennen. Heidi und Raimar wohnen etwa 200 km südöstlich von Windhoek am Rande der Kalahari auf ihrer 10 000 ha großen Farm, 12 km vom nächsten Dorf entfernt.

Mit Heidi arbeiten heute etwa 200 Frauen dieses Dorfes, indem sie wunderschöne bunte Vögel auf Sitzkissen, Kopfkissen und Tagesdecken sticken. »Wir exportieren unsere Arbeiten inzwischen nach Kanada, Skandinavien, Deutschland und Südafrika. Es macht mir großen Spaß, zusammen mit den Frauen diese Stickereien zu fabrizieren.« Das klingt alles so selbstverständlich, doch bis dahin war ein langer Weg...

Heidi erzählt: »Vor einigen Jahren ging ich durch eine schwierige Phase meines Lebens. Ich war frustriert, niedergeschlagen und wußte nicht, wie mein Leben weitergehen sollte.«

Als auch die jüngste der vier Töchter mit 6 ½ ins Internat gekommen war, um dort eine fundierte Schulbildung zu erhalten, war Heidi gerade 30 Jahre alt. »Als die Kinder noch im Hause waren, gingen meine ganzen Kräfte und Energien im Muttersein auf. Da kam ich nie auf die Idee zu fragen, was *ich* eigentlich wollte, da mich die Kinder voll und ganz forderten. Doch dann? Ich fragte mich: Was jetzt? Was will ich für mich? Was kann ich Sinnvolles mitten in der Wüste machen?«

Sie hatte vor ihrer Ehe ein Kunststudium begonnen und suchte nun erneut einen Ausdruck ihrer künstlerischen Fähigkeiten. Heidi war auf der Suche und wußte nicht genau, wonach. Sie war offen und bereit für eine Veränderung...

Zusammen mit ihrem Mann war Heidi verschiedene Male im benachbarten Dorf gewesen und hatte dort gesehen, daß wunderschöne Patchwork-Tücher über den Wäscheleinen und Zäunen zum Trocknen hingen. Heidi bewunderte die gute, eigenwillige Farbzusammenstellung der Namafrauen, ihr außergewöhnliches Farbgefühl.»In ihren Hütten hingen bestickte Tücher, meist mit Bibelsprüchen verziert. Diese Fähigkeit zu sticken hatten die Frauen in der Kolonialzeit von den deutschen Missionarsfrauen gelernt und an ihre Töchter weitergegeben«, erklärt Heidi.

Sie war sehr fasziniert von der Art dieser dekorativen Handwerkskunst – und eines Tages kam sie auf die Idee, ihrer Haushälterin ein Stück Stoff zu geben und sie zu bitten, für sie zu sticken.»Ich habe die Frau ermutigt, ihre eigenen Vorstellungen auf den Stoff zu bringen und mit Farben und den Vogelmotiven zu experimentieren.« Heidi war vom Ergebnis begeistert. Innerhalb kurzer Zeit fragte die Mutter der Haushälterin und zwei andere Frauen, ob sie auch mitsticken dürften. Gemeinsam kamen sie darauf, Kissen für den Weihnachtsbazar in Windhoek zu besticken und sie dort zu verkaufen. Dieser Bazar wurde ein voller Erfolg und der Ausgangspunkt ihrer gemeinsamen Expansion. Es kamen immer mehr Bestellungen, und innerhalb eines Jahres arbeiteten bereits 20 Frauen für Heidi. Sie übernahm das finanzielle Risiko, die Qualitätskontrolle und Vermarktung, während die Frauen ihre eigene farbenfrohe Kreativität mitbrachten. Immer mehr Frauen aus dem Dorf wollten für Heidi arbeiten. Sie mußte also dorthingehen, um Materialien auszuteilen und Musterbesprechungen vorzunehmen.

»Es war für mich zunächst sehr fremd und verunsichernd, als weiße Frau allein in das Dorf zu fahren. Ich hatte Vorurteile und wenig Wissen über das Leben dieser Frauen und mußte die ersten Male meinen ganzen Mut zusammennehmen, wenn ich dorthin fuhr.«

Inzwischen gibt es viel Wohlwollen, gegenseitige Achtung und Verständnis.»Ich hab' das Gefühl, richtig glücklich zu sein, mit diesen Frauen arbeiten zu dürfen und Einblicke in deren Leben zu bekommen. Ich hab' gelernt, wie nah Leben und Tod zusammengehören; die Frauen sind arm und dennoch fröhlich. Ich weiß, mit welchen Schwierigkeiten die

Frauen fertigwerden müssen, bewundere deren innere Stärke und Ausgeglichenheit, ich kann viel von ihnen lernen und erkenne auch, wie eng meine Welt vorher war.«

Die weiße Farmergemeinschaft konnte Heidis Engagement nicht verstehen, hat Heidi und Raimar daraufhin gemieden.»Ich gehe jetzt meinen Weg und lasse mich nicht von den Vorurteilen anderer aufhalten.«

Wie hat sich ihr berufliches Engagement auf ihre Ehe mit Raimar ausgewirkt?»Zu Beginn unserer Ehe war es nicht leicht für mich als ›Stadtpflanze‹, mich gegen Raimar, der auf der Farm aufgewachsen war, zu behaupten! Er war 8 Jahre älter, wußte, was auf einer Farm zu tun ist – und ich wußte das nicht. Ich fühlte mich eingeengt, konnte seinen Erwartungen nicht genügen. Ich hatte Kunst studiert – auf der Farm gab es wichtigere Dinge – die Tiere, das Land, die Buchhaltung. Es dauerte nicht lange, bis ich zu dem Schluß gekommen war: ›Ich bin zu blöd, ich schaff' das nicht! Er kann alles – und ich nichts!‹«

»Unter anderen Umständen wäre diese Ehe sicher auseinandergegangen«, meint Heidi,»aber hier in der Wüste waren wir so aufeinander angewiesen. Ich bin mehrere Male heulend und verzweifelt in die Wüste rausgerannt, weil ich es nicht mehr ausgehalten hab', doch dann kam mir das so lächerlich vor. Wohin sollte ich denn in der Wüste rennen? – Es gab ja nichts. Also bin ich wieder zurück.«

Raimar hat auch gelitten, als er gesehen hat, wie unglücklich Heidi war. So hatte er sich die Ehe mit Heidi nicht vorgestellt.»Und dann begannen wir, miteinander über unsere Probleme zu reden. Das war so schwer am Anfang. Wir waren es nicht gewohnt. Doch wir wollten beide *miteinander* zufriedener leben, blieben daher am Ball und heute sind wir so weit, daß wir fragen:

Was will uns die Situation sagen?

Was können wir *gemeinsam* lernen?

Was können wir konstruktiv für unsere Beziehung tun?

Die Bereitschaft, aneinander zu lernen und miteinander zu wachsen, ist groß. Uns geht es jetzt darum, anstehende Konflikte miteinander zu besprechen und zu lösen. Wir haben so viele Tiefen gemeinsam durchlebt, so viele Konflikte und Schwierigkeiten miteinander gelöst – jedes Mal kommen wir einander ein Stück näher... Wir respektieren einander und mögen uns als Menschen. Durch unsere Ehrlichkeit dem anderen gegenüber lernen wir uns immer tiefer kennen und verstehen. Wir haben jetzt beide das Vertrauen, daß wir gemeinsam jede neue Herausforderung annehmen können und nicht mehr gegeneinander kämpfen und uns gegenseitig die Schuld zuschieben müssen, sondern daß wir aus jeder Situation etwas Konstruktives machen können.«

Durch ihre Eigeninitiative hat Heidi ihr Selbstwertgefühl und ihre Selbstachtung wieder zurückgewonnen – sie akzeptiert sich jetzt, so wie sie ist und freut sich, daß sie einen Weg gefunden hat, in dem sie sich so ausdrücken kann, wie es ihren Fähigkeiten entspricht. Dadurch ist sie lebendiger und freier geworden – sie hat erfahren, daß sie aus sich heraus etwas Wertvolles kreieren konnte und sagt heute: »*Selbst in der Wüste blüh'n die Blumen* – du mußt sie nur entdecken!« Heidis Vertrauen ins Leben und ihre Partnerschaft ist groß. Sie sagt:»Ich könnte zwar alleine leben, aber zu zweit zu wachsen und miteinander zu lernen, das macht einfach mehr Spaß!«

Schluß

Das Leben spielt sich zwischen den Polen Sicherheit und Lebendigkeit, zwischen Ruhe und Risiko, zwischen Angst und Vertrauen ab. Das ist ein lebenslanger Prozeß, bei dem Sie jeden Tag etwas dazulernen, sich weiterentwickeln und Ihre inneren Kräfte zum Ausdruck bringen können. Sie haben alle eine Vision in sich von dem, wie Sie leben wollen – und können sie verwirklichen. Sie können Ihre Aufmerksamkeit auf die Dinge lenken, die Ihrer inneren Wahrheit entsprechen, die Ihnen guttun und beginnen, behindernde Muster und Leiden loszulassen und sich für Neues zu öffnen.

Sie können sich erlauben, jeden Tag etwas Gutes für sich zu tun und damit Ihr Vertrauen vertiefen:

- Atmen Sie immer wieder tief durch und entspannen Sie sich.
- Öffnen Sie sich für Schönheit, Licht und Freude.
- Genießen Sie, wenn die Sonne Sie wärmt.
- Lauschen Sie dem Zwitschern der Vögel.
- Staunen Sie über das Aufblühen einer Blume.
- Erkennen und akzeptieren Sie, daß Sie liebenswert sind, so wie Sie sind.
- Lassen Sie sich immer tiefer auf die Abenteuerreise des Lebens ein und freuen Sie sich über jeden Schritt, den Sie zu sich selbst hin gemacht haben.
- Verstehen Sie das Leben als idealen Übungsplatz für die Verwirklichung Ihrer höchsten Vorstellungen von dem, wie Sie leben wollen.

Sie haben das Recht auf Selbstbestimmung und Würde. Sie können sich die Freiheit nehmen, Ihre Rechte zu schützen und anderen Menschen Grenzen zu setzen. Sagen Sie nein zu Ihrem Schutz, dann können Sie auch wieder ja sagen und das Zusammensein mit anderen als Geschenk annehmen und genießen.

Sie sind für Ihr Leben verantwortlich. Das gibt Ihnen die Freiheit, das zu tun, was Sie wirklich wollen. Sie können beginnen, Ihren eigenen Weg zu entwickeln und ihn zu gehen. Dabei können Sie jede Situation als Chance zu wachsen verstehen. Lassen Sie sich nicht von Ihrer Angst ablenken, Dinge nicht zu tun, die Ihnen wichtig sind. Manchmal haben Sie Angst, etwas falsch zu machen – doch was zuerst wie ein Fehler aussieht, ist in Wirklichkeit ein Fortschritt im Lernen, ein Schritt hin zu sich selbst.

Wirkliche Sicherheit kommt von innen aus der Gewißheit und der Freiheit, selbst entscheiden, handeln und für sich sorgen zu können. Üben Sie jeden Tag, ja zu sich zusagen, lernen Sie, sich selbst anzunehmen und zu akzeptieren, wie Sie sind und Rückschläge sind dazu da, Sie an Ihren Weg zu erinnern. Das winzige Wort *ja* zu sich selbst weist Ihnen den Weg zu einem beglückenden, erfüllenden Leben. Ihr Vertrauen und Ihr Selbstwertgefühl hängen letztlich nicht von einem anderen Menschen ab! Auf Sie selbst kommt es an! In diesem Sinne kann ich nur sagen:

Küß' Dich wach, Prinzessin!

Wenn Sie mir Ihre Erfahrungen und Gedanken mitteilen wollen, so freue ich mich darüber.

Wenn Sie an einem Frauentraining interessiert sind, dann schreiben Sie bitte an:

Phoenix – Das Frauentraining
Marschall 7
8150 Holzkirchen

Anhang

DANKSAGUNG

danke – an alle Frauen, die ich beruflich oder privat kennen-
und schätzengelernt habe, durch deren Offenheit und Mitgefühl ich viel gelernt habe und angeregt wurde, dieses Buch zu
schreiben
danke – an Susanne, die eine unermüdliche, liebevolle, sach-
verständige Kritikerin beim Entstehen dieses Buches war
danke – an Uwe, dessen Liebe und aufmunternden Worte
meine Seele beflügeln
danke – an Eva, Christine und Archan für ihre Freundschaft
danke – an Heidi, Dorothee, Renata, Christine, Irene, Susanne, Elisabeth, ohne deren Unterstützung ich mein Stu-
dium nicht geschafft hätte
danke – an meinen Arbeitspartner Manfred Martin vom
Team für Inner Management in Holzkirchen, der mir während der Zeit des Schreibens Raum ließ und durch sein »hau
rein in die Tasten« Juice gab
danke – an alle Männer, durch die ich die Gelegenheit habe,
sie und mich besser kennen- und verstehen zu lernen
danke – an alle meine Lehrerinnen, besonders an Osho
danke – an Herrn Erd, der Vertrauen in mich hatte, dieses
Buch zu schreiben
danke – an Sie, liebe Leserin, daß Sie dieses Buch gelesen
haben. Ich wünsche Ihnen auf Ihrem Weg viel Energie, Vertrauen und Mut, immer wieder den ersten Schritt zu tun.

LITERATUR

1. Adler, Alfred: *Wozu leben wir?* Frankfurt/Main 1981
2. Beck, Ulrich: *Risikogesellschaft. Auf dem Weg in eine andere Moderne.* Frankfurt 1986
3. Deuter, Chaitanja, Georg: *Flügel der Liebe.* Gedichte. München 1992
4. Fromm, Erich: *Die Kunst des Liebens.* Frankfurt, Berlin 1979
5. Früh, Fred/Hölzl, Rick: *Frauen, sagt doch endlich ja!* München 1992
6. von Funcke, Milan Esten: *Liebe, das Jahrtausendmißverständnis.* München 1992
7. Gawain, Shakti: *Stell dir vor.* Reinbek bei Hamburg 1989
8. Ders.: *Leben im Licht.* München 1987
9. Gruen, Arno: *Der Verrat am Selbst.* München 1981
10. Hülsemann, Irmgard: *Ihm zuliebe? Abschied vom weiblichen Gehorsam.* Stuttgart 1988
11. Lange-Ernst, Maria-Elisabeth: *Frau, Du bist besser.* München 1992
12. Larisch-Haider, Nina: *Füreinander bestimmt.* München 1990
13. Mulack, Christa: *Natürlich weiblich.* Stuttgart 1991
14. Mitscherlich, Margarete: *Die friedfertige Frau.* Frankfurt 1985
15. Osho: Meditation. *Die erste und letzte Freiheit.* Köln 1991
16. Pörner, Gabi: *Karriereplanung für Frauen.* München 1991
17. Thürmer-Rohr, Christina: *Vagabundinnen.* Feministische Essays, Berlin

Besondere Anregungen bekam ich aus den Schriften von Alfred Adler, der erstmals die Bedeutung des Minderwertigkeitsgefühls erkannt hatte, den Feministinnen Christa Mulack und Christina Thürmer-Rohr sowie Osho, einem Meister der Meditation.

Biografien

ROY Black
Wie er wirklich war

Die Erinnerungen seiner Ex-Frau
Silke Höllerich

**gebunden, 320 Seiten,
ISBN 3-8138-0257-4**

Silke Höllerich

Der Mensch und der Showstar

„Liebe zu einem Menschen heißt, Verständnis wecken, auch für die Schattenseiten eines strahlenden Menschen."

Das Buch des einstigen Fotomodells Silke Höllerich über ihren Ex-Mann Gerhard Höllerich ist ein sehr privater Abschiedsbrief, der Gemeinsam- aber auch Gegensätzlichkeiten der vergangenen 25 Jahre zusammenfaßt. Was war er für ein Mensch, dieser Gerhard Höllerich, der unter so mysteriösen Umständen starb und als Roy Black immer noch dem Publikum in sehr lebendiger Erinnerung ist?

Silke Höllerich hat alles miterlebt – die Höhepunkte, die Niederlagen. Affären-, Alkoholprobleme, aber auch glanzvolle Triumpfe.

Bücher aus dem Peter-Erd-Programm finden Sie überall im Buchhandel.
Fordern Sie das kostenlose Gesamtverzeichnis an bei:

Verlag Peter Erd * Gaißacher Straße 18 * 8000 München 70
Telefon 089/7253004
Fax 089/7250141

Frauenliteratur

gebunden, 224 Seiten
ISBN 3-8138-0250-7

Maria-Elisabeth Lange-Ernst

Sanft, aber selbstbewußt!

„Die von seiten der Männer unaufhörlich angeprangerte Frauenbewegung tritt seit ihrem Bestehen für Freundschaft ein. So wollen wir es auch weiterhin halten . . . bis es den 'neuen Mann' wirklich geben sollte."

Eine Wissenschaftsjournalistin geht fremd! Die auf medizinische und gesundheitspolitische Fragen spezialisierte Maria-Elisabeth Lange-Ernst hat sich den Frust vom Leibe geschrieben, den ihr die permanenten öffentlichen Männerklagen (s. Joachim H. Bürger) über die Emanzipation verursacht haben.

Sie tritt für ein tolerantes und liebevolles Miteinander ein – allerdings nur, wenn „er" es verdient!

Bücher aus dem Peter-Erd-Programm finden Sie überall im Buchhandel.
Fordern Sie das kostenlose Gesamtverzeichnis an bei:

Verlag Peter Erd * Gaißacher Straße 18 * 8000 München 70
Telefon 089/725 30 04
Fax 089/725 01 41